小論文これだけ！

教育 深掘り編

樋口裕一
大原理志／大場秀浩

東洋経済新報社

はじめに——教育系の専門知識をもっと広く深く身につける

現在の教育の世界は、さまざまな問題を抱えている。

2002年から取り入れられた「ゆとり教育」が大幅に見直され、これからの日本ではどのような学力が求められるかについての議論が盛んだ。また、教育格差や大学全入時代などの問題も、新たに議論されるようになっている。

教育に何らかの形で携わろうとしている人間にとって、考えるべき課題は多い。言い換えれば、そのことは、教育学部の小論文試験に出題される課題が増えているということを意味している。

教育学部の合格を目指すからには、そのような問題について自分なりの考えをまとめておく必要がある。

試験が開始されてから課題文を読んではじめてその問題について知るようでは、合格はかなり難しいと言って間違いないだろう。現在の教育問題についてそれなりの知識があり、自分なりの教育理念をもっており、教育に適性のある受験生を合格させようとするのが、教育学部の小論文試験の目的だからだ。

本書は、そのような状況の中、教育学部の合格を目指す受験生が、教育に関する知識をより広く深く身につけ、合格を確実にするために編んだものだ。

これまで『小論文これだけ！』のシリーズでは、『小論文これだけ！ 超基礎編』『小論文これだけ！ 人文・情報・教育編』の2冊で教育のテーマを取り上げてきた。今回は小論文指導ゼミナール「白藍塾」講師の大原理志と大場秀浩両氏にも参加してもらい、教育学部で出題されるテーマについて、さらに広範囲に取り上げながら、より詳しく解説した。教育系で出題されるテーマのほとんどは、この1冊で網羅されているだろう。直接的に本書で取り上げたテーマが扱われていない場合でも、本書で書かれている内容を利用すれば、ほとんどの小論文問題に対応できるはずだ。

ただし、小論文の基本的な書き方や、本書では扱わなかったような教育系の基礎的な内容については、『小論文これだけ！ 超基礎編』『小論文これだけ！ 人文・情報・教育編』の2冊で詳しく説明している。ぜひそちらもあわせてお読みいただきたい。

3冊を繰り返し読むことで、多くの人が教育学部の合格を勝ち取ることを願っている。

樋口裕一

もくじ

特別付録

DTP　アイランドコレクション
装丁　テンフォーティ／豊島昭市

第1部

「書き方」編

教育系の小論文
ならではのポイント

1 教育学部の小論文ならではの特徴

教育学部は、将来、教育関係の仕事を目指す人が学ぶことを主たる目的にした学部だ。もちろん、教育学部を卒業したあと、一般企業に就職する人も多い。逆に、教育学部以外の学部を卒業して教員になる人もいる。

しかし、教育学部が日本の教育のあり方、若者に対する啓蒙のあり方の研究を目的にしていることに変わりはない。

それゆえ、教育学部の小論文試験は、ほとんどが教育の抱えている問題点、若者の状況、学校で教えるにあたっての教育理念などについて出題される。

なかには、理科や社会科の専門科目の小論文を課す大学もあるが、それも深い専門知識を問うよりは、知識を生徒に教えることを前提にして、その理解のあり方、説明の仕方が問われていることが多い。

2 教育学部で小論文試験が出題される意図は？

教育は、若者に大きな影響を与える仕事だ。とりわけ小学校の教員の場合、小さな子どもを親から預かって、心身ともに成長するように促す。

教師の指導がその子どもの一生を左右することもある。いい教師に出会って、一生の目標を見つけ、有意義な人生を過ごすことになる子どももたくさんいるだろう。

逆にいえば、あまりよくない指導を受けてしまうと、せっかくの能力を十分にのばせない子どもが出る可能性もある、ということだ。

小学校ほどではないにしても、中学校でも高等学校でも、もちろん同じことが言える。それほど影響力の大きい仕事であるだけに、教育学部では、すでに入学の時点で、この仕事に向いた人を入学させ、向かない人をはじこうとする。つまり、教育学部の小論文試験は、学力だけでなく、教育についての考え方や人間性を見ようとする傾向があるということだ。

言い換えれば、教育学部の小論文試験問題は、いくら学力があっても教えるのにふさわしくないタイプの人を、入学の時点で食い止めるためのものだと言ってもいいだろう。

3 教育についての理念をしっかりともっておく

それゆえ、教育学部で合格レベルの小論文を書くには、自分なりに教育理念を考えておく必要がある。

もちろん、これから教育について学ぼうとしている受験生が専門的な教育学を身につけるのは難しい。

しかし、教育学部を志すからには、これまで受けてきた教育についてそれなりの思いはあるはずだ。そして、教育はどうあるべきかについて、それなりに考えたことがあるはずである。そうした考えを、自分なりにまとめておく必要がある。

たとえば、本書の第2部でも取り上げている「ゆとり教育」についてどう考えるか、それに賛成か反対かを明確にし、自分の教育観をある程度明確にしておくことはできるはずだ。「教育においては、知識の詰め込みよりも、自主的に考え、自分の考えを発信することが大事だ」というような考えを自分の意見としてもっておくといいだろう。

そうすることによって、考えが広まりやすいし、本書を読む際にも、知識がしっかりと頭に入るはずだ。

また、そうすれば、個々の問題が出されても、考えを深めるヒントにすることができる。たとえば、いま述べた「教育においては、知識の詰め込みよりも、自主的に考え、自分の考えを発信することが大事だ」という意見をもっていれば、「大学全入時代」について問われても、「大学が全入になったら、多くの国民が自主的に考え、自分の考えを発信できるようになる。それこそが、これからの日本の国民に必要なことだ」と考えることができるだろう。

4 教育系小論文の書き方

小論文の具体的な書き方については、本書の姉妹編である『小論文これだけ！』『小論文これだけ！ 超基礎編』『小論文これだけ！ 人文・情報・教育編』に詳しく書いてあるので、ぜひそちらを見てほしい。

ひとつだけ改めて確認しておくと、常にレベルの高い小論文を書くためには、「型」を守ることが重要になる。

小論文とは論理的に書くものだ。すなわち、「論理の手順」に従って書くものである。そのためには「型」を守ることが重要で、次のような「型」を守って書けば、自動的に論理的な文章になる。

課題によっては、「型」どおりに書きにくいこともあるが、「型」を守ることが論理的に書くことの基礎になるので、まずはこれを書けるようにしっかりとマスターしてほしい。

第一部　問題提起

設問の問題点を整理して、これから述べる内容に主題を導いていく部分。全体の10パーセント前後が目安だ。

「○○について」というような課題の場合、ここで「○○をもっと進めるべきか」などのイエス・ノーを尋ねる問題に転換する。

課題文がついている場合には、ここで課題文の主張を説明して、「課題文には……と主張されているが、それは正しいか」という形にすればいい。

第二部　意見提示

ここで、イエス・ノーのどちらの立場をとるかをはっきりさせ、事柄の状況を正しく把握する。全体の30〜40パーセント前後が普通だ。

ここは、「確かに、……。しかし、……」という書き出しで始めると書きやすい。たとえば、課題文にノーで答える場合、「確かに、課題文の言い分もわかる。たとえば、こんなことがある。しかし、私は、それには反対だ」というパターンにする。

そうすることで、視野の広さをアピールすると同時に、字数稼ぎができる。

第三部　展開

ここが小論文の最も大事な部分だ。

第二部（意見提示）で書いた自分の意見の根拠を主として示すところで、なぜそのような判断をするのかを書く。全体の40～50パーセントほどを占める。

本書の第2部「書くネタ」編をよく読めば、ここに書く内容が見つかるはずだ。

第四部　結論

もう一度全体を整理し、イエスかノーかをはっきり述べる部分。

努力目標や、余韻をもたせるような締めの文などは不要で、イエスかノーか、もう一度的確にまとめるだけでいい。全体の10パーセント以下にする。

これが樋口式・四部構成

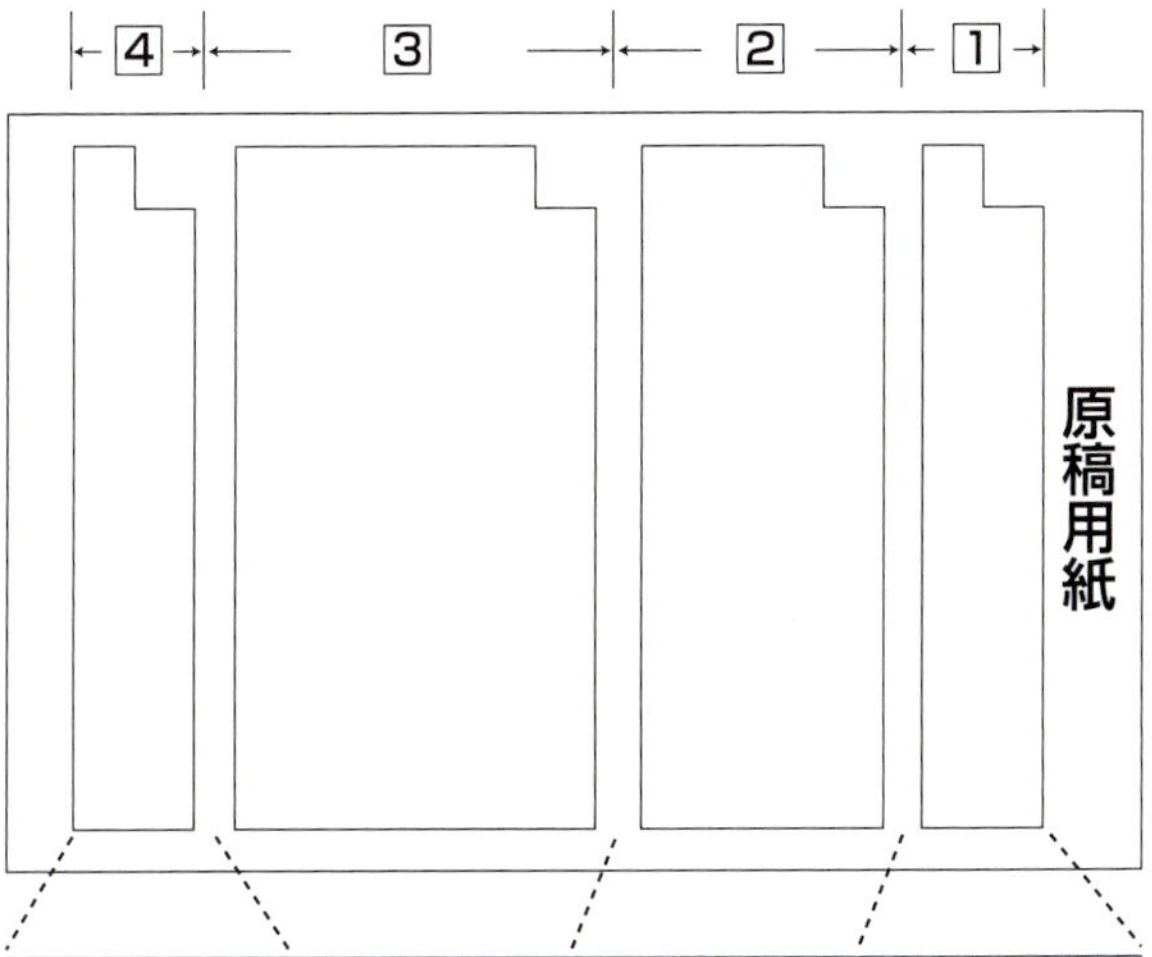

基本形・書き出し例

問題提起 10%前後	意見提示 30〜40%	展開 40〜50%	結論 10%以下
「……だろうか。」	「確かに、……。しかし、……。」	「なぜなら、……。」「その背景には……。」「そもそも○○とは、……。」	「以上より、……。」「したがって、……。」

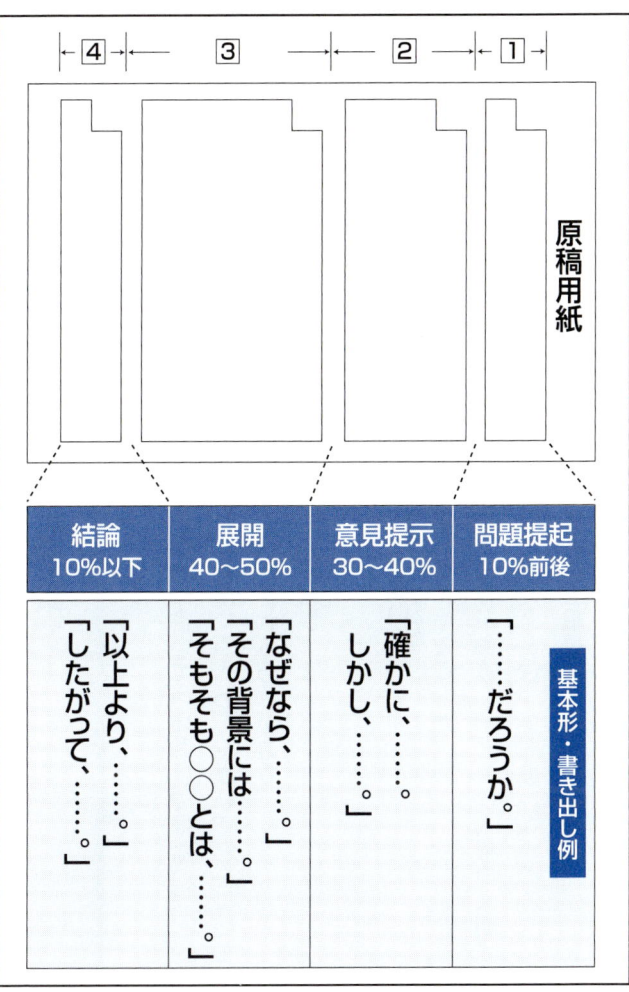

5 教育系小論文、8つの「べからず集」

教育学部の小論文の場合、文学部などのように自由に書いていいわけではない。問題によっては書くべきでない内容がある。教育学部にふさわしくないことを書いてしまうと、採点者に「教育学部に向いていない」と判断される恐れがある。

次の8つのようなことは書かないように、十分に注意してほしい。

✖べからず集①――差別・人権侵害を書いてはならない

教育で重要なのは、児童生徒の人権を何よりも大切にすることだ。教師であるからには、何よりも人権を大切にする必要がある。子どもに人権の大切さを教え、民主主義の必要性を教えるのが、教師の最大の使命と言って間違いないだろう。だから、子どもに限らず、人権に対しては、何よりも重視する態度が必要だ。

子どもの権利を否定するようなことは絶対に書いてはならない。間違っても、「体罰をしてもいい」「子どもは大人の犠牲になっても当然」といった内容を書いてはならない。また、「社会のためには、個人は少々犠牲になってもかまわない」「時に、人権は制限されていい」という方向の意見も望ましくない。

もし個人の犠牲や人権の制限が必要だという方向で書く場合には、できるかぎり個人を尊重したうえで、苦渋の決断としてその態度を示す形をとるのが望ましい。

✖べからず集②――経済効率を精神よりも重視するべきではない

経済を、人間の精神よりも重視する立場をとるべきではない。

もちろん、経済的な基盤なしには何もできない。高い教育理念を実現するには、経済的な基盤が必要である。しかし、経済的には難しくても、できるだけ精神面を重視するのが教育に携わる者の理念とも言える。

教育学部の小論文の場合、「確かに経済的に難しいにしても、できるだけ精神を大切にするべきだ」という立場を貫く必要がある。「経済面を考えると、そのような理想を通すのは難しい」「ほかのことよりも経済こそが大事だ」などという立場をとるべきではない。

✖べからず集③――あまり個性的なことを書く必要はない

教育学部では、何よりも妥当で的確な判断が好ましい。個性を示そうとして、誰もが賛成するようなことにわざと反対することなどあってはならない。個性的なことを書こうとするよりも、物事を的確に理解していることを示すことを重視するべきだ。

教育に携わる者は、個性的な人物をしっかりと理解し、さまざまな個性を認めることができなければならないが、自分自身があまり個性的であったら、そうすることができない。自分が個性的であるよりは、他人の個性を認めることを重視する必要がある。

✖べからず集④――寛大さを失ってはならない

教育に携わる者は、何よりも寛大でなければならない。「そんなことは許せない」「断固たる処分を行うべきだ」という立場をあまりに強く打ち出すべきではない。

たとえ社会的な悪徳でも、それを行った人間に対してもそれなりの理解を示すのが好ましい。とりわけ未熟な人間に対しては、寛大さを示す必要がある。

人間、誰もが過ちを犯す。とりわけ若者は、しばしば教師の言いつけに背き、時に社会的な悪を行う。

しかし、だからといって断罪するべきではない。

厳しく叱ることはあるにしても、見捨てるべきではない。辛抱強く言い聞かせる必要がある。投げ出してはいけない。そうした態度を示す必要がある。

✖べからず集⑤──優等生の論理を振りかざしてはならない

「教師になりたい」と思う人には、基本的に真面目な優等生だった人が多い。だから、つい優等生の論理を振りかざしてしまう。

「勉強をする気のない人は生きる資格がない」「向上心をもつからこそ、人間としての価値がある」「低俗なテレビ番組を見る時間があったら、しっかりと勉強するべきだ」「学校でせっかく先生が教えてくれているのに、学ぶ気がないなど、信じられない」など。

つまり高飛車に、劣等生を断罪するわけだ。

もちろん、こうした意見には正しい面もあるが、それを教員志望者が語るべきではない。教員になった場合、生徒の中には怠け者もいる。向上心をもたない人間もいる。たとえそうであっても、切り捨てずになんとか教育しようと努力するのが教員なのだ。

あくまでも、子どもの視線でものを考えなければならない。そしてその場合、勉強のできない子、周囲についていけない子も大勢いることを理解していなければならない。

❌べからず集⑥――弱者切り捨てをしてはならない

教育学部志望者は、原則として弱者尊重の立場に立つ必要がある。基本的に、児童生徒は弱者であり、その立場で考えることが、教員の第一の役割だからだ。

優位な者の立場に立って、弱者を断罪するのでなく、あくまでも弱者の立場に立って物事を考える必要がある。

したがって、たとえば教育に競争が必要なことを主張すること自体は悪くないが、だからといって、競争に敗れた人を切り捨てるような意見を書くべきではない。

競争に負けた人にも配慮をしたうえでの競争重視でなければならないのだ。

❌べからず集⑦――感情的な言葉を多用しない

教員は感情的であってはならない。常に大勢の人にものを教え、たくさんの人を理解するためには、常に理性的である必要がある。

すぐに怒ったり、すぐに感情を爆発させたりしては、生徒は戸惑ってしまう。それでは教員として失格だ。辛抱強く、理性的に言い聞かせてこそ、生徒は理解してくれる。

それゆえ、小論文の中でも「かわいそう」「ひどい」「許せない」「情けない」「恥ずかしい」などといった感情的な言葉を多用するべきではない。

感情を大切にすることも重要だが、それで終わらせないで、しっかりと言葉を用いて詳しく説明することが望ましい。

✖べからず集⑧――現状を無条件に肯定するべきではない

受験生の中には、「教育学部の先生たちは、学校の先生の仲間なのだから、現在の学校教育のあり方を批判するようなことを書くと、気を悪くするかもしれない」と考えて「いまのままでいい」という意見を書く人がいる。しかし、それは大きな誤解だ。

就職試験などでは、志望先のあり方を否定するべきではないが、教育学部の試験はそうではない。「現在の教育は間違っているので、改めるべきだ」という方向で書くのは、むしろ好ましいことだ。

教育学部の先生たちの大半が、現状を理想的とは捉えていない。それを肯定的に捉えて、

「いまの教育は素晴らしい」という方向で書くと、問題点を理解していないと判断されてしまう。問題点をしっかりと踏まえたうえで、今後の教育のあり方を考えてこそ、合格レベルの小論文になる。

第2部

「書くネタ」編

教育系に出るネタを
もっと身につける

1
いじめ問題

いじめが重要な問題なのは誰でも知っている。しかし、時代の変化に伴って、いじめのあり方やいじめ対策の考え方も変わってきている。いまのいじめ問題についての理解を深めることで、これからの教育のあり方についても、しっかりとした考えをもてるようになるはずだ。

課題

学校教育法では、いじめの問題が起こった場合、保護者に対して、いじめた生徒の出席停止を命じることができます。しかし、この制度は、実際にはなかなか活用されていないのが実状です。このことについて、あなたはどう考えますか。600字以内で論じなさい。

課題の解説

問題のある生徒の出席停止は、学校教育法でもともと認められていた。しかし、2007年に当時の安倍首相が、いじめ対策としていじめた子どもの出席停止などの厳しい対応をとるように指示したために、改めて論議の的となった。とはいえ、その後も、この制度は必ずしも積極的に活用されているとは言えないようだ。

問題提起は簡単だろう。いじめた子どもの出席停止を積極的に行うべきかどうかを考えるといい。

この問題を論じるには、まずそれがいじめ対策として有効かどうかを考える必要がある。イエスの立場としては、「一時的にでもいじめた子を隔離することで、いじめられた子が安心して学校に来られるようになる」「いじめが絶対に許されない行為であることを認識させるためにも、厳しい措置をとって反省させることが必要」などが考えられる。

ノーの立場としては、「出席停止にしても反省にはつながらない。いじめた子にカウンセリングを受けさせるなどして、心の問題を解決すべき」「出席停止ですませると、いじめの真の原因を究明できないまま終わる恐れがある」などの論が可能だろう。

さらに、「集団によるいじめの場合、どこまで出席停止にしていいのかわからない」「出席停止の期間中も、家庭訪問などのフォローが必要なので、教師の負担がますます増える」など、現場レベルでの問題点を指摘することもできる。

また、この問題は、子どもの人権という観点から論を深めることも可能だ。

「出席停止は、いじめた子の教育を受ける権利の侵害につながる恐れがある。たとえいじめっ子でも、教育の権利を奪うことはできないので、むしろ出席させて、教育を通じていじめはよくないことを教えていくべきだ」などの批判の声も実際に大きい。

逆に、いじめそのものが、いじめられた子の人権侵害なのだから、いじめた子に厳しい処分を課すのは当然、とする考え方もあるだろう。

微妙な問題だけに、賛否両論をしっかりと踏まえて冷静に論じることが求められる。

解答例 1

【賛成】出席停止で反省を促すべき

いじめた生徒を出席停止にできる制度があるが、現状では必ずしも有効に使われていないようだ。では、その制度をもっと積極的に使うべきなのだろうか。

確かに、いじめた生徒を出席停止にしたところで、それは一時的な措置にすぎず、真の解決にはならないかもしれない。いじめられた子にとっても、いじめた子の出席停止が解ければ元通りになるという不安がある限り、安心して通学できないかもしれない。しかし、それでも、いったん出席停止という措置をとるのは悪いことではない。

最近のいじめは、いじめる側の加害者意識が乏しいと言われる。いじめと遊びの境界があいまいで、いじめる側もその周囲も、遊びの延長としていじめを捉えている場合が少なくない。そうした子にカウンセリングなどを行っても、自分のやったことがいかにひどいことかを実感できるとは思えない。出席停止といった厳しい措置をとることで、自分のしたことの深刻さを身をもって理解させることが、まずは必要だ。いじめた子を隔離することで、いじめられた子も落ち着いて事態を受け止められるようになるだろう。いじめの原因を究明するのは、それからでも遅くない。

このように、私は、出席停止という制度をもっと積極的に活用するべきだと考える。

解答例 2

【反対】出席停止は人権侵害

いじめた生徒を出席停止にする措置を、もっと積極的に行うべきだという意見がある。はたして、その意見は正しいのだろうか。

確かに、出席停止といった厳しい処分が、いじめた子の反省を促すきっかけになる場合もあるかもしれない。いじめられた側にとっても、一定の期間いじめた子から隔離されれば、安心して学校に来ることもできるだろう。しかし、それでも、私はいじめた子を出席停止にするというやり方は好ましくないと思う。

どんな子どもにも、教育を受ける権利がある。出席停止という措置は、子どもから教育を受ける権利を奪うことにつながる。いじめっ子だからといって、その権利を奪うことはできない。そもそも、教育の場でいじめが起こったのなら、教育を通してそれを解決するべきだ。いじめをしないように教えることも教育の一環であり、いじめっ子こそ、そうした教育を必要としているはずだ。いじめっ子は、むしろしっかりと学校に出席させて、授業やカウンセリングなどを通して、いじめがよくないことや、いじめられた側の心の痛みなどをしっかりと教えることが大切だ。

したがって、私は出席停止制度をもっと活用すべきだという意見には反対だ。子どもには教育を受ける権利があるはずである。

いじめ問題

理解のポイント

ここが使える

いじめが社会問題化されたのは1980年代半ば以降

学校でのいじめが、現在のように社会問題として大きく扱われるようになったのは、1980年代半ばのことだ。

いじめによる自殺が相次いで報道されたために、いじめが子どもを自殺にまで追いやるほど深刻な状況になっていることに多くの人がはじめて気づき、ショックを受けた。

ここが使える

その後も、ほぼ10年おきに、いじめによる自殺がマスコミに大きく取り上げられ、そのたびにいじめ問題が再燃するといった状態が続いている。

現代のいじめの特徴は？

昔からいじめは存在したが、「弱い者いじめ」という言葉があるように、経済的に貧しい、成績がよくない、スポーツができない、人付き合いが苦手などの理由で、いじめの対象になることが多かった。その種のいじめはもちろん現在でもあるが、別の形のいじめが増えているのが現代の傾向だ。

ここが使える

それらの特徴を整理すると、**「外から見えにくい」「いじめる側といじめられる側が固定していない」「集団によるいじめが多い」「止める人がいない」「いじめと遊びや非行との境界があいまい」**などがあげられる。

ここが使える

現代のいじめの最も大きな特徴は、いじめる側といじめられる側が流動的だということだ。少し前までいじめる側にいた子どもが、次の瞬間にはいじめられる側になることもしばしばある。また、「勉強がよくできる」「真面目で責任感が強い」「美人である」といったプラスの特徴が、いじめにつながることも多い。

また、いじめる側の加害者意識が弱く、いじめられる側も、クラスから完全に排除されるのが怖くて、いじめを訴えないケースが増えている。いじめに参加しない生徒も、いじめから距離を置くだけで、積極的に止めようとはしない。

ここが使える

これらは**「現代のいじめは、特定の子どもに問題があるというよりも、どんな学校やクラスのどんな子どもにも起こりうる、構造的な問題である」**ということを示している。いじめが集団化しやすかったり、外からは見えにくかったりするのも、そのためだ。

「ネットいじめ」（サイバーいじめ）は深刻な問題

ここが使える
「ネットいじめ」（サイバーいじめ）は、インターネット上で行われるいじめのことで、いじめの新しい形態として、近年注目されている。

具体的には、学校裏サイトや匿名掲示板に、特定の生徒の悪口や個人情報を書き込んだり、本人に直接、誹謗中傷のメールを送るというものだ。

ここが使える
ネットいじめの最大の特徴は匿名性だ。

いじめられる側は、誰にいじめられているのかわからないので、いっそう不安と恐怖を募らせる。逆に、いじめる側は素性がばれにくいので、いじめがエスカレートしやすい。

ここが使える
さらに深刻なのは、**インターネットには境界がないため、ネットいじめには終わりがない**ということだ。

従来のいじめは、ほぼ学校という空間の中で完結していたので、家に帰ってまでいじめられることはなかったし、被害者が転校すれば、それで問題が収まった。

しかし、ネットいじめの場合は、ネットにつながりさえすれば、どこに行ってもいじめる相手につきまとわれる。また、ネットを通じていじめが学校の外に広がると、たとえ転校しても、そこでもまたいじめの対象になることさえある。

ここが使える

ネットいじめは、「いじめる側といじめられる側が流動的」「外から見えにくい」「集団化しやすい」などの現代的ないじめの特徴をいっそう先鋭化させている。その意味では、まさに情報社会に特有のいじめの形態で、早急に、国レベルでの対策が望まれる。

いじめは日本特有のものではない

1980年代にはじめていじめの問題が注目されたころは、いじめの要因が日本社会の集団主義的な体質と結びつけて説明されることが多かった。

日本の社会は集団性を重視するため、異質な者を集団から排除しようとする。学校教育でも同じで、クラスの中で少しでもほかの人と違っていると、除け者にしようとしていじめが起こる、というわけだ。

ここが使える

そうした面があることは否定できないが、**現実には、日本以外の国でもいじめは多く、日本だけがいじめの問題を抱えているわけではない**。

実際、すでにあげたような現代的ないじめの特徴は、先進国の多くで見られるものだ。

それらの国では、個人主義化が進んでコミュニティが解体され、子どもたちが社会的に孤立しているという状況が共通して見られる。

もちろん、欧米では、いじめが民族差別と結びつきやすいなどの違いはあるが、いじめそのものを、たんに日本特有の問題と捉えるわけにはいかない。

ここが使える

日本の問題点はむしろ、これまで、いじめをたんに個々の生徒の心の問題としか捉えてこなかったことだろう。そのため、いじめの被害が起こるたびに、「いじめは絶対に許されない」という道徳的なスローガンが声高に叫ばれるだけで、「どうすればいじめが深刻化するのを防げるのか」という問題意識は希薄だった。

いじめ対策としても、被害生徒の心理的なケアに重点を置く一方で、加害生徒への対処やクラス全体での取り組みは遅れをとっている。

ここが使える

しかし、**集団があれば、いじめは必ず起こる。いじめを根絶することは困難だ。むしろ、できるだけいじめの起こりにくい、いじめが起こっても歯止めのかかるような仕組みをつくっていかなくてはいけない**。

そのためには、まず、子どもたちが自分の問題としていじめを捉えられるようにすることが大切だ。そして、いじめる側もいじめられる側も同じ学校の仲間として、自分たちの手でいじめを抑制できるような主体性と社会性を身につけさせるための教育が必要だろう。

2 学級崩壊

一口に学級崩壊といっても、さまざまなパターンがある。それに、学級崩壊は、たんに学校の中だけでなく、社会全体の変化とも大きく関わっている。学級崩壊の問題を理解することで、これからの学校教育のあり方についても自分なりに見通しをもつことができるはずだ。

課題

子どもたちの勝手な行動によって授業が成立しなくなる「学級崩壊」が、しばしば問題になっています。教師の指導力不足を原因と見て、学級担任を変えるなどの対策も行われていますが、ベテラン教師のクラスでも学級崩壊が起こることがあり、それにも限界があります。学級崩壊を食い止めるのに、担任の交代以外に、どのような対策が効果的だと考えられますか。あなたの意見を、600字以内でまとめなさい。

課題の解説

中学校や高校で校内暴力などが問題となったのは1970〜80年代のことだ。しかし、1990年代以降の「学級崩壊」は、もっぱら小学校が舞台となっている。まず、その点を押さえておこう。

「学級崩壊を食い止めるための対策」を考えることが求められているが、そのためには、まず学級崩壊がなぜ起こっているのかを考える必要がある。

学級崩壊には、さまざまな要因が考えられる。

従来は、教師の指導力不足が原因とされることが多かった。実際に、担任を変えれば解決することも少なくなかった。しかし、教師個人の資質や能力ではどうにもならない事態がしばしば起こっているのも確かだ。

とくに低学年の場合、家庭でのしつけ不足や、遊びが中心の幼稚園とのギャップが大きいために、子どもが小学校での集団行動にうまく適応できないケースが多い。そのため、家庭や幼稚園と小学校との連携や交流をもっと頻繁に行うという対策も考えられる。

小学校特有の問題として、ひとりの学級担任がほとんどの教科を教えるシステム（学級担任制）に原因があるとする意見もある。学級担任制では、どうしてもクラスが閉鎖的になり、風通しが悪くなりやすい。それに対し、教科担任制にして、複数の教師が一つひとつのクラスを見るようにすれば、学級崩壊も起こりにくくなるはずだ。

家庭や地域と学校との関係がうまくいっていない場合も、学級崩壊が起こりやすい。親が学校側に不信感を抱いていると、それが子どもの態度にも反映して、教師を見下したり、言うことを聞かなかったりするようにもなる。それについては、保護者と頻繁に意見交換をしたり、交代で授業参観をしてもらうなど、学校側が保護者ともっと積極的にコミュニケーションをとって信頼関係を築くことも必要だろう。

イエス・ノーで答えられないタイプの問題なので、最初に自分の考える対策をズバリ示し、第二部以降でそれを検証していく形にするといい。

解答例 1

保護者との信頼関係を築くべき

近年、小学校での学級崩壊が増えていると言われる。それに対して、私は、学校が保護者ともっと積極的にコミュニケーションをとって、信頼関係を築くことが、解決のきっかけになると考える。

確かに、学級崩壊には、教師の指導力不足や家庭でのしつけ不足など、さまざまな要因が関わっている。たったひとつの対策で、なんとかなるような問題ではないだろう。しかし、保護者と学校との関係をもっと積極的なものに変えることで、そういった要因の多くも解消できるのではないかと思う。

学級崩壊の大きな原因として、家庭や地域と学校との関係がうまくいっていないことがあげられる。親が学校に不信感を抱いていると、それが子どもの態度にも反映する。そうならないためには、学校側がもっと積極的に保護者とコミュニケーションをとり、信頼関係を築く必要がある。教師だけでは学級崩壊を解決できない場合は、たとえば保護者に交代で授業参観をしてもらうなど、もっと保護者にも問題を知ってもらい、解決に協力してもらうこともできるはずだ。学校の内部だけでなく、あくまでも保護者の協力を得ながら地域全体で問題を解決していく姿勢が大切だ。

以上、私は、保護者との関係を改善することで、学級崩壊を食い止められると考える。

解答例 2

学級担任制をやめ、教科担任制にするべき

近年増えている小学校での学級崩壊について、私は学級担任制をやめ、教科担任制にすることで、ある程度解決できるのではないかと考えている。

確かに、学級担任制は、とくに小学校の教育においては、さまざまなメリットがある。ひとりの教師が長い時間子どもたちと接することになるため、一人ひとりの子どもたちについて、深く理解できるようになる。また、クラスの状況に応じて、柔軟な教科指導ができるという利点もあるだろう。しかし、学級崩壊を解決するためには、学級担任制はむしろ改めるほうがいいと思う。

学級担任制だと、どうしてもクラスの人間関係が閉鎖的になりやすい。そのため、たとえば誰かがえこひいきされていると感じるだけで、教師はほかの児童すべての信頼を失ってしまう。子どもたちの抱える問題も多様化して、ひとりの教師だけでは対応し切れなくなっている。また、学級担任制だと、クラスに何か問題が起こっても、ひとりの教師がすべて抱え込んでしまって、外からはわかりにくいことが多い。教科担任制にして、複数の教師がひとつのクラスを見るようにすれば、教師と児童との関係も風通しがよくなって、学級崩壊に至るような問題が起こりにくいのではないだろうか。

このように、私は、教科担任制にすることで、学級崩壊をある程度防げると考える。

学級崩壊

理解のポイント

学級崩壊とは？

ここが使える

「学級崩壊」とは、生徒が教室内で勝手な行動をして、教師の言うことを聞かず、授業が成り立たない状態のことだ。

具体的には、授業中なのに勝手に席を立って教室を出入りしたり、教室の中を歩き回ったり、おしゃべりをしたり、ほかの生徒にちょっかいを出すなどの行為があげられる。主に小学校について使われる言葉で、1997年ごろに社会的に注目されるようになった。

ここが使える

現在では、マスコミで話題になることは少なくなっているが、**学級崩壊は小学校低学年のクラスにも増えるなど、状況はむしろ深刻になっている。**

学級崩壊は「反抗型」から「なれ合い型」へ

学級崩壊といっても、小学校の高学年に起こる場合と、低学年に起こる場合とでは性質が違っている。

1990年代末当時、高学年に起こる学級崩壊は、教師に対する反発から意図的に授業を妨害するタイプが多かった。この場合は、教師の指導力不足が問題になった。

未熟で経験に乏しい教師が、管理を押し付けようとして、生徒をうまくコントロールできずに、学級崩壊に至るケースだ。

ここが使える

ところが、**最近は「反抗型」ではなく「なれ合い型」の学級崩壊が増えている**と言われる。これは、教師が生徒と友だち感覚で接し、表面上は仲の良いクラスだったのが、やがてなれ合いの末に教室の秩序が崩れていくというものだ。

この場合、教師はなるべく生徒とのあいだに摩擦を起こさないように、生徒の言い分をできるだけ尊重しようとする。

そういえば聞こえはいいが、それはたんに生徒に気に入られようとしているにすぎないとも言える。そのため、私語をしたり、遅刻をしても注意しなかったりする。

ここが使える

このように、**学級のルールを教師自身がおろそかにしてしまうと、生徒の側もルールを守ろうとはしなくなってしまう**。また、生徒も教師の気を引くような言動をするようになる。

一見すると問題のないクラスだが、じつは教師は個々の生徒との関係を大切にしているだけで、クラスをしっかりとまとめているわけではない。そのため、何かのきっかけで生徒の不満が噴出すると、たちまち教室の統制がとれなくなってしまうわけだ。

ここが使える

「反抗型」の学級崩壊は、問題のある生徒との関係を改善すればある程度解決できるが、「なれ合い型」の学級崩壊は、どこから学級の秩序が崩れるかわからず、いっそう問題が多いと言える。

小学校1年生の学級崩壊「小1プロブレム」

小学校低学年の場合は、むしろ、基本的な生活習慣がついておらず、たんに集団行動になじめないための状態と見なされる。

学級崩壊が低学年化するにつれて、このタイプも増えている。

ここが使える

とくに入学したての小学校1年生のクラスで起こる学級崩壊は、「小1プロブレム」と呼ばれ、問題になっている。

このタイプは、まず家庭でのしつけ不足という問題がある。家庭で基本的なマナーを教えられてこなかった子どもたちが、学校での集団生活になじめないで、学級崩壊を起こしてしまうケースだ。

ただ、それだけでなく、現在の幼児教育が、できるだけ子どもを自由にのびのびと遊ばせることに重点を置いている点にも原因がある。**遊びを中心にした幼稚園から、学習中心の小学校に上がる際のギャップが大きく、それに子どもたちが戸惑っている**という側面も大きい。**「小1プロブレム」を解決するには、小学校と幼稚園とのあいだでもっと交流を増やし、小学校の教師が幼稚園での教育の実態を知る必要がある。**

ここが使える

園児にしても、小学校の入学前に小学校の教師や上級生の顔を見知っていると、入学してからのギャップも少なくてすむだろう。

なぜ学級崩壊が増えているのか？

学級崩壊の大きな要因としてしばしばあげられるのが、教師や学校の権威の低下だ。

ここが使える

かつては教師の言うことは絶対だった。教師の言うことを聞かない子どもは、親に叱られた。しかし、親の学歴が上がり、学校の教師以上の高学歴の親も増えてきた現在、学校や教師と保護者との関係は対等か、または保護者のほうが上になってきている。

かつての子どもが先生の言うことを素直に聞いていたのは、「学校の先生の言うことは素直に聞くべきだ」という前提が広く社会に共有されていたためだ。そうした前提によって、学校教育は支えられていた面が大きい。

ところが、親が教師を尊敬せず、社会的にも教師が尊敬される職業ではなくなると、子どもも教師を見下すようになり、言うことを聞かなくなる。

また、高度成長の時代までは、学校で勉強して学力をつけることが社会的成功の条件だと思われていたため、誰もが当たり前のように学校に行っていた。

しかし、個性重視の教育になって、学校は必ずしも我慢してまで行くべき場所ではなくなった。逆に、受験勉強のためなら、塾や予備校などに行くほうがよほど高度な勉強ができる。

塾で学級崩壊が起こらないのは、塾に行って勉強する目的がはっきりしているからだ。

ここが使える

いま学校で学級崩壊が起きているのは、学校が何をするための場所なのかがあいまいになってきているからだとも言えるだろう。

ここが使える

学級崩壊の背景には、子どもの家庭環境が多様化し、学校と保護者の関係も変わっているにもかかわらず、学校教育のあり方自体は以前と変わらず、社会の現状と大きくずれてしまっていることもあるだろう。

その点を、学校関係者も社会全体もよく考える必要がある。

3
モンスター・ペアレント

「モンスター・ペアレント」という言葉は知っていても、具体的に何が問題なのかについては、よくわかっていない人も多いだろう。その背景には、学校と家庭や地域との関係の変化がある。そうした背景を含めて、問題の本質をしっかりと整理し、理解しておくことが大切だ。

課題

学校や教師に理不尽な要求をする「モンスター・ペアレント」が増えたため、学校側が対応に追われて学習指導などの本来の業務ができないという問題がしばしば起きています。

それに対して、学校側も弁護士に対応をまかせるなど、もっと法律的な対応を考えるべきだとする意見があります。あなたはどう考えますか。600字以内で論じなさい。

課題の解説

モンスター・ペアレントの存在は、学校の給食費の支払いを拒否する親が増えているというニュースで大きく注目を浴びた。

しかし、それ以前から、自分の子どもだけ特別扱いするように要求したり、家庭の都合で学校行事を勝手に休ませたりする親が、教育現場では問題になっていた。

モンスター・ペアレントが増えると、学校側は彼らへの対応に時間をとられてしまい、学校の運営や授業の準備さえままならなくなる。また、保護者の要求がエスカレートすると、学校では処理し切れないことも多くなる。

そのため、アメリカの学校のように、弁護士に相談するなどして法律的に対応するべきだという意見が出てきたわけだ。実際に、制度的にそうした仕組みをつくっている地方自治体もある。

イエスの立場としては、「理不尽な要求に対してははっきりと法律的に対応するほうが、教師も割り切って本来の教育の仕事に集中できる。それが、結果として子どものためにもなる」などのように論じることができるだろう。

ただし、もちろん異論も多い。

親の苦情がすべて理不尽な要求とは限らないのに、「何かあれば法律的に対応する」ということになると、今度は親のほうが、学校側に言いたいことがあっても何も言えなくなってしまう。それでは、親と学校のあいだでコミュニケーションが成り立たなくなる。弁護士を介入させることで、親と学校とが敵対関係になるようでは、結局、問題の本質的な解決にはつながらない。それよりも、学校側は時間がかかっても親ときちんと対話をし、コミュニケーションを重ねて、信頼関係を築いていくことが大切だ。以上のような論じ方もできるだろう。

イエス・ノーのどちらで書くにせよ、教育問題に法律を持ち込むことの危険性をきちんと押さえたうえで、論じることが大切だ。

解答例 1

【賛成】断固として法律的な対応をとるべき

モンスター・ペアレントをめぐるトラブルが、最近増えてきているようだが、学校はもっと弁護士に対応をまかせるなどの法律的な対応をとるべきだろうか。

確かに、教育の場に法律の問題を持ち込むことには、慎重であるべきだろう。それによって保護者との信頼関係を損ねてしまっては、結局、学校運営がうまくいかなくなる恐れもある。学校に対する社会的な信頼が揺らぐこともあり得るかもしれない。しかし、それでも、学校はもっと断固とした法律的措置をとるほうが、結果的には好ましいと考える。

モンスター・ペアレントと呼ばれる人たちの要求は、ほとんどの場合、子どものためというよりは、身勝手なクレームにすぎない。それらに、授業の準備や生徒指導などの学校本来の仕事を犠牲にしてまで、学校側が対応する必要はない。理不尽な要求を一度飲んでしまうと、相手の要求がエスカレートして、かえってトラブルが深刻になる恐れもある。そうした要求に対しては、弁護士を通じてはっきりと法律的に対応するほうが、教師も割り切って本来の教育の仕事に集中できるだろう。また、そのほうが、結果的に子どもたちのためにもなるはずだ。

以上のように、私は、モンスター・ペアレントに対しては、断固として法律的な対応をとるほうがいいと考える。

解答例 2

【反対】保護者との信頼関係を大事にすべき

モンスター・ペアレントをめぐるトラブルが、最近よく報道されている。それに対し、学校側はもっと法律的な対応をとるべきだという意見もあるが、それは好ましいことだろうか。

確かに、理不尽なクレーム対応に追われて、学校本来の仕事である授業や生徒指導がおろそかになるようでは、本末転倒だ。そうならないように、場合によっては弁護士に相談することも必要かもしれない。しかし、原則としては、こうした問題に法律的な対応をするのはよいことではない。

親の苦情がすべて理不尽な要求とは限らない。一見身勝手な要求に思えても、背景には深刻な家庭の事情があることもある。学校側に問題がある場合も少なくない。それなのに、何もかも弁護士にまかせてしまうと、親は学校側に言いたいことが言えなくなってしまう。学校教育は、保護者との信頼関係によって成り立っているのに、これでは親とのコミュニケーションを一方的に拒否しているようなものだ。それよりも、ある程度時間がかかっても、学校側は親の要求に誠実に向き合い、じっくりとコミュニケーションをとって、信頼関係を取り戻すことが大切だ。

以上のように、私は、学校は法律的な対応をとるべきではないと考える。

モンスター・ペアレント

理解のポイント

モンスター・ペアレントとは？

ここが使える

モンスター・ペアレントとは、学校や教師に対して理不尽な要求やクレームを繰り返す親を意味する和製英語だ。1990年代の後半から、こうしたタイプの親が増えはじめた。

要求の内容は、「自分の子をいじめた子を転校させろ」から、「子どもの成績が悪いのは教師がつきっきりで教えないから」など言いがかりに近いもの、「子どもが遅刻しないようにモーニングコールをしてほしい」といった明らかに非常識なものまでさまざまだ。

ここが使える

しかし、**いずれも、「自分の子を最優先してほしい」という、わが子のことしか考えない親の身勝手な心情が、モンスター・ペアレントの背景にある場合がほとんど**だ。

クレームの対応に追われて、学校が授業の準備や生徒指導といった本来の業務ができなくなるといった本末転倒の事態も生じている。また、学校としてきちんとした対応をせず、クレームを受けた教師だけが責任を負わされることが多いため、追いつめられた教師がうつ病になったり自殺したりするケースも増え、社会問題化している。

なぜ親がモンスター化したのか

モンスター・ペアレントが登場した背景は、いろいろと考えられる。

そのひとつが、親子関係の変化だ。**子どもを叱れない親が増え、子どもの言うことは何でも聞くようになった。**

かつては、教師に叱られたと子どもが訴えると、「お前が悪いんじゃないか」と諭す親が多かったが、いまでは子どもを諭す代わりに、学校側に文句を言う親が増えている。

そこには、親と学校との関係の変化も関わっている。「学級崩壊」の項目でも説明したように、**学校や教師の権威が低下して、親が平気で学校に文句を言うようになっている**のだ。

また、地域社会が崩壊したり、親同士の関係が希薄になっているという問題もある。

かつては学校に不満があっても、親同士が愚痴を言い合って解消したり、地域の有力者が間に入って問題を解決していた。**いまは愚痴の言い合える仲間や仲介者がいなくなり、親がストレートに学校に不満をぶつけるしかなくなった**わけだ。

ただ、**親に限らず、「キレる大人」が増えたと言われるように、一般に人々の権利意識・**

消費者意識が高まったという面も否定できない。一部の親は、学校教育を「教育サービス」として捉え、自分の子が少しでも不利な扱いを受けたと思い込むと、消費者としての自分の権利が侵害されたと感じて、大声で権利を主張するようになった。

こうした親の権利意識が、学校だけでなく、自分の子どもに対しても向けられる場合がある。自分の思い通りにいかない子どもに対して、教育費を払う（投資する）立場から、自分が損をしているように感じ、子どもに理不尽な要求をするわけだ。

学校や教師に問題はないのか？

もちろん、教師や学校の側にも原因がないとは言えない。

指導力や人間性に問題のある教師は、昔から少なくなかったが、不満を言うと自分の子が不利な扱いをされるかもしれないと、我慢する親も多かった。

ここが使える

それが、学校や教師の権威が低下したため、我慢しないで率直に不満を口にする親が増え、その中で一部の親がたまたまエスカレートしているだけ、という見方もできる。

また、学校のクレーム対応に問題があると指摘する人もいる。民間企業では当たり前のクレーム対応のマニュアルや技術が不十分なため、問題が大きくなってしまうわけだ。

「モンスター・ペアレント」というネーミングそのものを問題視する識者も多い。

学校に何らかの要求をする親をすべて「モンスター」呼ばわりすることで、正当な要求もクレーム扱いされるようになるからだ。

学校教育がうまくいくためには、保護者と学校との信頼関係が不可欠なのに、「モンスター・ペアレント」という用語によって、学校側が保護者とのコミュニケーションを拒絶するのが正当化されてしまう。これは、いい傾向とは言えないだろう。

ヘリコプター・ペアレントとは?

モンスター・ペアレントは、日本だけの現象ではない。

たとえば、アメリカには、「ヘリコプター・ペアレント」と呼ばれる親たちがいる。

ヘリコプター・ペアレントとは、ヘリコプターのように子どもの上を常に旋回し、子どもに何かあると急降下して、世話を焼いたり、学校側に文句を言ったりする親だ。

日本のモンスター・ペアレントと違って、主に大学生や新社会人の親について言われているのが特徴だ。子どもの代わりにレポートを書いたり、子どものフェイスブックをいつもチェックするなど、子どもの生活に過剰に干渉し、その延長で学校に理不尽な要求をするような、子離れのできない親のことを指している。

もちろん、日本にも大学生や新社会人に過剰な世話を焼く親がいるように、アメリカの小・中学校にも「モンスター・ペアレント」は存在する。

日米のネーミングの違いは、どちらに焦点を当てるかだけの違いとも言える。

モンスター・チルドレンもいる

最近は、「モンスター・チルドレン」と言われる子どもたちの存在も注目されるようになってきた。モンスター・ペアレントの子ども版といったところだ。**モンスター・チルドレンは小学校の低学年でも見られ、学級崩壊の引き金になっている**とも言われている。

親や教師に反抗的な子どもは昔からいたが、モンスター・チルドレンは、親などの権威を利用して狡猾に教師に反抗するのが特徴だ。教師を見下し、学校や教師が強く出られないのを見越して、相手を困らせる行動をする場合が多い。

モンスター・ペアレントの子どもがモンスター・チルドレンになるケースも少なくない。親が教師を馬鹿にしたり、学校をやり込める様子を見ていると、自分も自然にそうなってしまうのだろう。

4 指導力不足教員

今日の教育現場では、教員により多くの資質が求められるようになった。それと同時に、指導力不足の教員の問題も浮上してきている。この問題を通して、教員の資質とは何かを改めて見直し、考えてみてほしい。

課題

いま指導力不足の教員が問題になっている。その対策として、教員資格を数年ごとの更新制にして、指導力が不足している教員は再教育を経なければ現場に戻れないようにすべきだ、という意見がある。その意見に対して、あなたの考えを600字以内で書きなさい。

課題の解説

児童・生徒の抱える問題や学級の人間関係をつかみ切れずに不適切な対応をとったり、教科の教え方に工夫が足りないような教員が目立つようになった。そうした教員が「指導力不足教員」と呼ばれ、近年問題になっている。

この課題では、そういった指導力不足の教員への対策として、「教員資格を数年ごとの更新制にし、不適格な教員は再教育を経ないと現場に戻れないようにすべきだ」という意見があることを紹介し、その意見に対する考えが求められている。もちろん、教員資格の更新制を取り入れるべきかどうかが問われている。

イエスの立場としては、次の2点のような論じ方ができるだろう。

①教員の身分が事実上永久に保障されているため、教員が事なかれ主義になってしまう。教員に緊張感をもたせる手段として、更新制を取り入れるべきだ。

②更新制にすると、社会や時代の変化に対応できるよう、教員が新しい教育方法を研究したり身につけたりするいい機会になる。

一方、ノーの立場としては、次の3点のような意見が考えられるだろう。

①教員が自分の身分や地位を保つため、教員資格の更新試験対策や更新の基準を満たすことにばかり気をとられ、児童・生徒に真剣に向き合わなくなる恐れがある。

②同じ教員が児童・生徒を一貫して教えるという体制が維持できなくなり、子どもや親が教員との安定した関係を築けなくなる。

③審査や試験によって教員の資格や身分が決まってしまうため、子どもたちにも審査や試験至上主義の考えを植え付けてしまう恐れがある。

なお、ノーの場合、更新制にかかる費用や手続きの増加を理由として実現が難しいことを書いても、この課題のテーマには合わない。あくまで、「望ましい教育のためにどうか」という視点で論じる必要がある。

イエスかノーかが問われている問題なので、構成は典型的な四部構成でまとめるといい。

解答例 1

【賛成】教員に意識改革を促すいい機会に

いま指導力不足教員が問題になっている。子どもの心がつかめずに、不適切な指導を行ったり、子どもたちの反応を見ずに一方的な教育を行ったりする教員が目立つようになった。これに対して、教員の資格を数年ごとの更新制にしてはどうかという意見がある。そうすることは、本当に好ましいのだろうか。

確かに、教員資格の更新制を取り入れることには懸念もある。たとえば、教員が数年ごとに資格を失うかもしれないとなると、子どもも親も、教員との安定した関係を築けなくなる恐れがある。しかし、それでも、教員資格の更新制を取り入れるべきだ。

なぜなら、教員に定期的に意識改革を迫るいい機会になるからだ。いままで教員は、ひとたび採用されれば、よほどのことがない限り、身分が保障されてきた。そのため、よりよい教育のやり方を研究する努力は、教員個々の意識にかかっていた。しかし、長い期間にわたって高い意識をもちつづけるのは、個人の力だけでは難しい面がある。そこで教員資格の更新制を取り入れれば、すべての教員が定期的に意識改革の機会を得ることになる。このことは、指導力不足教員だけでなく、すべての教員にとって教育のあり方を見直すきっかけになり、教育全体の質の向上にもつながるだろう。

したがって、私は指導力不足教員の対策として、教員資格の更新制は好ましいと考える。

解答例 2

【反対】試験重視は教育に悪影響を及ぼす

　指導力不足教員が問題になっている。指導力不足の教員に対しては指導や研修を行う制度がすでにあるが、もっと進んで、教員の資格を数年ごとの更新制にしてはどうかという意見がある。では、そうすることは、本当に好ましいのだろうか。

確かに、教員資格の更新制にはいい面もある。長く教員として勤務していると、次第に自分のやり方が定着してしまい、社会の変化や子どもたちの変化に応じた教育方法を模索する必要を感じなくなる可能性がある。そうしたマンネリに陥るのを防ぐ意味では、教員にとって、自分の教育のあり方を見直すいい機会になるかもしれない。しかし、教員資格の更新制は、やはり好ましくないと思われる。

もし、教員資格の更新制が導入されて、教員がその準備に追われるようになると、教育にも悪影響が出る。資格の更新ができるかどうかに気をとられて、子どもたちと向き合えなくなるようでは本末転倒だ。それに、審査や試験で教師の身分や地位が決まるという仕組みが子どもたちに見えてしまうと、子どもたちのあいだに、審査や試験ばかりを重要視する風潮が生まれかねない。教育においては、じっくり腰をすえて子どもたちに向き合える環境が大切だ。教員資格の更新制は、それを阻害する。

以上、指導力不足教員対策とはいえ、教員資格の更新制は好ましくないと私は考える。

指導力不足教員

理解のポイント

公立学校の教員は普通はクビにならない？

公立の学校の場合、教員は教員免許をとって、自治体にいったん採用されると、そのまま勤務しつづけられることがほとんどだ。教頭や校長といった管理職を目指すのでない限り、とくに関門となるような試験を受けることもない。

ここが使える

本来は、各自治体の教育委員会が、教員に問題がないか、適切な教育を行っているかのチェックをすべきだが、**いままでは、何か大きなトラブルが表沙汰にならない限り、めったなことでは教員は辞めさせられることがなかった。**

それに対して、私立の学校では、学校の教育方針に合わない教員はまず採用されないし、学校の求めに応じられない教員は辞めさせられる場合がある。

教員自身がトラブルの種をまいていることもある

教員の指導が、児童・生徒にとっては、時として教員からの「いじめ」としか感じられない場合がある。教員本人は怠慢なのでもなく、「児童・生徒に対して親身になろう」あるいは「理想の教育を実現しよう」という熱意があるだけに、やっかいなケースだ。

児童や生徒に対して発した冗談やちょっとした悪ふざけが、児童・生徒の心をひどく傷つけてしまう。また、児童・生徒間で自然に解決されるような問題を、教師が大げさに問題視して介入し、結果として児童・生徒の誰かが悪者に仕立て上げられてしまうこともある。

ここが使える

つまり、**教員自身がトラブルの種をまいているケースもあるのだが、その場合にも、教員自身には自覚がない**。

こうした場合には、教員を指導できる権限をもったアドバイザーがいるのが理想的だが、

ここが使える

教室という閉鎖された空間で問題が生じるため、外部からわかりにくいという難点がある。

教員にとっても、難しくストレスの多い現在の教育現場

ただし、教員にとっても、いまの教育現場は非常に難しくなっているという現状もある。

ここが使える

核家族化、少子化、共働き化が進んだために、昔なら家庭で行われていたしつけが学校教育の現場に委ねられるようになり、教員の負担は増大している。

ここが使える

また、近年は、教師に、極端な公平性や過度の倫理性が要求されるようになってきた。

たとえば、特定の児童・生徒にちょっと目をかけるだけでも、不公平として非難の対象になる。真面目な教師ほど、そうした要求に応えようとして、自分の中にある、人間として誰もがもつ欠点すら否定しようとする。そのために、人格が硬直化したり、ゆがんだりする教師も出てくる。

それに、人権尊重・個性尊重のため、昔なら「当たり前」「常識」として強制できた道徳的な規律も、いまは押し付けととられかねないので、何を教えるにも昔より手間がかかるようになったということもある。

ここが使える

さらに、モンスター・ペアレントの脅威にさらされるなど、教育現場は教員にとってストレスの多い職場になってきている。

指導力不足の教員が増えた背景——対人関係の希薄化、不況による安定志向

いまの教育現場が教員にとって厳しい環境になっているのは確かだが、だからといって、

それだけでは指導力不足の教員が増えている理由にはならない。

では、教育現場が厳しい環境であること以外に、指導力不足の教員が目立ってきた背景には何があるのだろうか。

ここが使える

教員の多くは大学卒業後、すぐに教員となるか、実社会経験の乏しいまま教員になっているため、社会的な訓練を十分には積んでいない。

それだけなら昔からあることだが、それに加えて、いまは地域社会の崩壊と少子化による対人関係の希薄化が進んでいる。

ここが使える

教員も、昔と違って、地域社会の中で対人関係の訓練を積んだり、兄弟姉妹と一緒に育ちながら人の気持ちを察する訓練を積む機会が得られない。そのため、コミュニケーション能力が身につかないまま教員になってしまうわけだ。

ここが使える

また、不況の影響もあって、教員が公務員と同じような安定した職業と捉えられるようになったため、**「教員になりたくてなった」というより、「たんに安定した職につきたくて教師を選んだ」というケースも増えている。**そうした教師にとっては、教育は決まりきった作業をこなすだけのもので、創意工夫をしようという意欲ももてないだろう。

ここが使える

こうした場合には、**教員に意識改革を迫るためにも教員資格の更新制は有効**だと思われる。

ここが使える

教員資格の更新制以外に考えられる対策とは？

教員資格の更新制は、指導力不足の教員対策として有力な選択肢のひとつだが、デメリットもあるので、別の対策も同時に考えるのが理想的だ。

すでにとられている対策としては、次のようなものがある。

教員採用試験において、指導力不足にならないような人材かどうかを厳しく見極める方法。あるいは、自治体ごとに民間の識者も入れた判定委員会を設け、指導力不足教員の判定を行い、研修か退職かを選ばせる制度などだ。

指導力不足と判定された教員には、指導力の回復および現場復帰をはかるための研修制度が、教育公務員特例法で定められている。また、指導力不足教員の処遇をどうするか、人事のガイドラインも示されている。

ほかには、「社会人経験のある教員や管理職を採用して、学校教育現場の閉鎖性をなくし、一般社会の感覚や常識を導き入れる」「研修として教員に一般企業での就業体験をさせる」といった対策も考えられるだろう。

5 脱ゆとり教育

ゆとり教育の是非については、ここ10年来、さまざまに議論されてきた。脱ゆとり教育の方向が確定した現在、改めてゆとり教育導入の背景とその功罪を考え、反省する必要がある。日本の教育のこれからを考えるうえで大事なテーマなので、しっかりと理解してほしい。

課題

2002年度から導入されたゆとり教育では、授業時間や学習内容を削減するなど、子どもの自主性を尊重する教育を目指しました。しかし、学力低下を招いたなどの批判を受け、2008年以降、授業時間や学習内容を増やすなどの見直しが進められ、実施に移されています。それに対し、ゆとり教育の成否を判断するのはまだ早すぎるとして、一部に根強い反対意見もあります。あなたはどう考えますか。600字以内で論じなさい。

課題の解説

ゆとり教育の見直しについては、ここ数年、大きな話題になってきた。

きっかけは、「PISA」という国際的な学力調査（OECDに加盟している国々の学習到達度調査Programme for International Student Assessmentの頭文字をとってPISAと呼ぶ）で、日本の生徒の順位が低下していることが明らかになったことだ。そのため、日本の子どもの学力低下が問題になり、マスコミを中心に議論の的になったわけだ。

ゆとり教育の是非を考える際に重要なのは、ゆとり教育の理念と実状を分けて考えることだ。ゆとり教育の実状に問題があったことは、現場に批判的な声が多かった点からいっても否定しにくい。その一方で、ゆとり教育の理念そのものにはいまだに賛否両論がある。

そこで、ゆとり教育の見直しに賛成の立場で書く場合は、「ゆとり教育の実状に問題があった」「ゆとり教育の理念そのものに問題がある」という2つの方向で書くことができる。

前者の場合は、「確かに～」でゆとり教育の理念を認めたうえで、「第三部　展開」でその実態がどう問題だったのかを具体的に指摘するといい。ただし、「学力低下を引き起こしたのでよくない」というだけでは少し弱いので、学力低下がこれからの社会にとってどのようにマイナスなのかを具体的に考える必要がある。

後者であれば、ゆとり教育の個性重視が、健全な競争の否定や学力格差の拡大につながる点を批判すると、説得力があるだろう。

ゆとり教育の見直しに反対の立場で書くなら、ゆとり教育の理念や本来の意義を積極的に認める方向で考えるといいだろう。

ゆとり教育の重視する「自ら学び、考える力」や問題解決能力は、情報化やグローバル化の進む現代社会にとって、必要な能力であることは間違いない。

その場合は、「確かに～」の部分で、実状に問題があったことを認めたうえで、「第三部　展開」でゆとり教育の理念の重要性をしっかりと論じるといいはずだ。

解答例 1

【賛成】競争を否定するべきではない

近年、「脱ゆとり教育」と言われるように、ゆとり教育の見直しが進んでいる。こうした動きは、はたして好ましいのだろうか。

確かに、ゆとり教育の理念そのものを全否定することはできない。ゆとり教育が育成を目指した「生きる力」や「自ら学び、考える力」は、グローバル化の進むこれからの社会にとって重要な能力であるのは間違いない。しかし、それ以上に、ゆとり教育の考え方には問題が多い。

ゆとり教育は、競争や押し付けを否定して、できるだけ子どもたちの自主的な取り組みにまかせようという考え方で始まった。それによって、子どもたち一人ひとりが自分で自分の個性や適性をのばせるようにしたわけだ。しかし、最初から自分がやりたいことを自覚して、それに自主的に取り組めるだけの意欲のある子どもは少ない。たいていの子どもは、ほかの子どもたちと競い合い、勝ったり負けたりする中で、自分に何ができ、何ができないかを学んでいく。そして、なんとか競争に勝とうとして努力をすることが、結果として自分の能力を磨くことにつながるわけだ。つまり、競争を否定することで、ゆとり教育は、むしろ子どもたちが個性や能力をのばす機会を奪っているとも言えるのだ。

したがって、私は、脱ゆとり教育の動きは好ましいものと考える。

解答例 2

【反対】ゆとり教育の理念は必要

近年、ゆとり教育の見直しが進んでいる。それに対して、ゆとり教育の成否を判断するにはまだ早すぎるという意見もある。ゆとり教育の見直しを、さらに進めるべきだろうか。

確かに、ゆとり教育の実状には問題点も多かった。理念ばかりが先行して、教師や学校がそれに対応できていなかった面もある。「総合的な学習の時間」も結局、削減された学習内容を補習するだけの時間になっていた学校もある。しかし、それでも、ゆとり教育の理念そのものを否定することはできないはずだ。

かつての詰め込み教育は、知識の量を競い合う受験競争に勝つために、子どもたちにできるだけ知識を詰め込もうとしていた。しかし、グローバル化や情報化が進んで、いくら知識があっても、それだけでは社会の変化に対応できなくなってきている。知識をつけるだけでなく、それをいかに活用し、そこに新しい利用価値を見つけられるかが重要になってきた。思考力や応用力の育成を目指すゆとり教育は、そうした新しい時代に対応するために導入された考え方だったはずだ。改めるべき部分は改めるとしても、ゆとり教育の理念そのものは、これからの社会にとって、むしろますます必要となってくる考え方ではないだろうか。

以上のように、私は、ゆとり教育の見直しをこれ以上進めるべきではないと考える。

理解のポイント

「詰め込み教育」から「ゆとり教育」へ

脱ゆとり教育について考えるためには、そもそもゆとり教育がなぜ始まったのかを振り返る必要がある。

ここが使える

もともと日本の教育は、受験戦争に勝ち抜くために、生徒の能力差を無視して、多くの学習内容を詰め込むという「詰め込み教育」の面が強かった。そこでは、勉強のできることが第一とされ、それ以外の能力や個性はあまり重視されなかった。

そのため、勉強ができない、あるいは勉強に興味をもてない子どもは、授業についていけず、学校生活そのものに適応できなくなっていった。

とりわけ1970年代後半から1980年代にかけて「校内暴力」「落ちこぼれ」「登校拒否」などの言葉がマスコミをにぎわし、詰め込み教育の弊害として大きな問題となった。

ここが使える

そうした状況に対して、**もっと子どもの負担を減らして、子どもの個性や自主性を引き**

出すような教育を目指したのが「ゆとり教育」だったのである。

ゆとり教育が取り入れられていった歴史は？

詰め込み教育からゆとり教育への移行は、学習指導要領の数次の改正に伴って、徐々に進められたので、一口に「ゆとり教育」といっても時期によって内容や考え方は少しずつ違っている。

ここが使える

まず、**1980年から「ゆとりカリキュラム」と呼ばれるものが実施された**。授業についてこられない生徒が多いことを反省して、授業内容が削減された。しかし、これはたんに学習内容を減らしただけで、教え方や教育の考え方そのものは変わらなかった。

ここが使える

次に、**1992年から「新学力観」を背景とした教育改革が実施された**。「新学力観」とは、知識や技能よりも学ぶ意欲や変化への対応力などを重視し、思考力や問題解決能力を積極的に育成しようという考え方だ。

そのため、さらに学習内容が減らされただけでなく、体験学習が増え、生活科などの科目が新設された。教師の役割は生徒の「指導」から「支援」に変わり、学力の評価も「知識・理解」より「関心・意欲・態度」が重視されるようになった。

ここが使える

現在よく言われる「ゆとり教育」が本格的に始まったのは2002年からだ。

考える力だけでなく、豊かな人間性や体力なども含めた、全人的な「生きる力」を育成することを目標として、授業時間が大きく削減され、「総合的な学習の時間」が導入された。

また、学校が完全週5日制になり、成績もいわゆる「相対評価」ではなくて「絶対評価」で評価されるようになった。

つまり、ほかの生徒との比較ではなく、その子が学習目標をどれだけ達成できているかで評価されるようになったわけだ。

ゆとり教育に対して指摘されるさまざまな問題点

ゆとり教育は、学力低下を招いたとして批判されることが多いが、それ以外にもさまざまな問題点が指摘されてきた。

ここが使える

まず、**実態として、ゆとり教育では理念が先行し、現場が対応し切れていないことも多かった**。たとえば、「総合的な学習の時間」は、学校によっては有効に活用されず、授業の遅れを補うだけの時間になってしまった。

子どもの自主性にまかせるというやり方も、教師に適切な動機付けができなければ、勉強をさぼる口実にしかならず、そうなると意欲的な生徒との差は広がるばかりだ。

そもそも基礎学力がなければ、「自ら学び、考える力」をのばすことはできないという批判も根強い。基礎学力のない生徒が自主的な学習を求められても、何をしていいのかわからず、ますます勉強嫌いになってしまうだけだからだ。

また、学習内容の削減に不安を抱いて、子どもを塾に通わせる保護者も増えた。学校で教えてくれない分を、塾で補おうというわけだ。週5日制で休日になった土曜日を塾通いに充てている家庭も多い。

これでは、**子どもたちにゆとりをもたせるためのゆとり教育が、逆に子どもからゆとりを奪っている**ことになる。もちろん、**経済的に余裕のない家庭では子どもを塾に通わせることもできないので、ゆとり教育によってますます学力格差が広がる恐れもある**わけだ。

そもそも、ゆとり教育は、画一的な教育をやめ、適性や能力に応じて学習の内容や進度を変えるという考え方だ。つまり、出来のいい生徒は自分でどんどん学習を進め、そうでない生徒は無理に高度な勉強をする必要はない、というわけだ。

この考え方には、エリート教育につながる一面もある。そのため、**ゆとり教育は社会の階層化を進めることにしかならない、と批判する学者もいる。**

ゆとり教育の見直しと「脱ゆとり教育」

２００４年と２００７年の国際的な学力調査（ＰＩＳＡ）で日本人生徒の順位が下がったのを受けて、政府は方針を転換し、ゆとり教育の見直しを始めた。

そして、２００８年に学習指導要領が変わって、２０１１年以降、段階的に実施されることになった。この改正の動きを、「脱ゆとり教育」と呼ぶことがある。

具体的には、授業時間数が増え、教科書の内容も増える。とくに、数学や英語の時間がかなり増えているのが特徴的だ。一方で、「総合的な学習の時間」は大幅に削減され、選択科目はゼロになっている。ただし、週5日制や絶対評価はそのままになっている。

ここが使える

こうした「脱ゆとり教育」の動きは、かつての「詰め込み教育」へ戻るだけで、日本の教育の問題点の根本的な解決にはつながらない、という批判もある。

ここが使える

それに対して、文科省は「詰め込み」か「ゆとり」かではなく、バランスのとれた「生きる力」の育成こそが重要だとしている。とはいえ、ゆとり教育の行き過ぎを是正するという狙いがあることは否定できない。

こうした揺り戻しがどんな結果をもたらすのか、慎重にゆくえを見定める必要がある。

6 PISA型学力

「PISA型学力」については、理念だけが先行して、現実がなかなか追いついていないという批判も多い。PISA型学力とは何か、いまなぜそれが必要とされるのか。これからますます問われることの多くなる考え方なので、しっかりと理解し、自分のものにしておこう。

課題

近年、新しい学力の考え方として、ＰＩＳＡ型学力が注目されています。これは、従来のように知識の習得を重視するのではなく、「自ら学び、考える力」、つまり思考力や応用力を重視する考え方です。それに対し、ＰＩＳＡ型学力を無批判に導入することに批判的な意見もあります。あなたはどう考えますか。６００字以内で論じなさい。

課題の解説

問題提起はやさしい。「ＰＩＳＡ型学力をもっと重視すべきか」などでかまわない。「ＰＩＳＡ型学力」という表現はなじみがないかもしれないが、じつは、文科省がゆとり教育での育成を目指していた「生きる力」や「自ら学び、考える力」の考え方に近い。知識量より、知識を状況に応じていかに応用できるかが問われていると言ってもいい。

こうした新しい学力観が求められているのは、グローバル化や情報化が進んで、従来の知識重視型の学力では対応し切れなくなってきたからだ。

たとえば、情報社会においては、たんに情報を受け取るだけでなく、情報を取捨選択し、状況に応じてそれを活用していく力が必要になってくる。学校教育においても、そうした応用力や問題解決能力を育成することが、大きなテーマになってきたわけだ。

イエスの立場で書くなら、そうした社会的背景をしっかりと押さえたうえで論じると説得力があるはずだ。

また、そもそも「自ら学び、考える力」を重視するＰＩＳＡの考え方こそが、個の自立を尊重する民主教育の理念に合致しているという賛成論もあるだろう。

それに対して、従来型の学力をもっと重視すべきだとする立場も、もちろん可能だ。問題点としてあげられているのは、まず、ＰＩＳＡ型学力を重視すべきという論調が、しばしば基礎学力をおろそかにしているように見えることだ。

状況に応じて知識を応用するためには、まず基礎となる知識が十分に身についていなければならない。グローバル化や情報化が進むほど、必要な知識量は増えるはずで、基礎学力を軽視していいことにはならないだろう。

また、「ゆとり教育の見直しが進んで、学習内容を増やそうとしている一方で、ＰＩＳＡ型学力を導入するのは矛盾ではないか」「いまＰＩＳＡ型学力を無批判に取り入れようとするのは、日本の教育界の方向性が一貫していないことのあらわれ。それでは現場の教師や子どもたちを混乱させるだけだ」などのような反対の仕方もできるはずだ。

解答例 1

【賛成】グローバル社会にとって必要

近年、知識量よりも思考力や応用力を重視するPISA型学力の考え方を導入しようとする動きが広がっている。こうした動きは、日本の教育にとって、好ましいのだろうか。

確かに、性急な導入は控えるべきだろう。いまの日本の教育は、脱ゆとり教育の動きの中でまだ揺れている状態だ。そんな状況でPISA型学力の重要性を説いても、基礎学力の軽視につながるとしか受け取られない恐れもある。しかし、それでも、基本的にはPISA型学力を重視する方向で、日本の教育を変えていくべきだ。

近年、グローバル化や情報化が進んで、世界が大きく変化してきている。変化する状況に対して、自分から働きかけ、問題を解決する能力が求められている。知識量を重視する従来型の学力は、与えられた仕事を効率的にこなすためには有用かもしれないが、刻々と変化する状況に対応するにはあまり役に立たない。PISA型学力は、知識量ではなく、「状況に応じてどれだけ知識を活用できるか」という実践的な力を評価の対象にしている。これからの日本人に必要なのは、そういうタイプの学力だろう。いまの日本は、ゆとり教育の反省を踏まえたうえで、どうすれば学校教育においてPISA型学力を効果的にのばせるのかを真剣に考えるべき時期に来ている。

このように、私は、PISA型学力の導入を進めるべきだと考える。

解答例 2

【反対】まず基礎学力の充実を

最近注目されているP－SA型学力とは、知識量よりも思考力や応用力を重視する考え方だが、これを日本の教育でも取り入れるべきだとする意見は正しいのだろうか。

確かに、知識量を競うだけの学力評価にも問題はある。日本の学校教育が、必ずしも社会に出てからの実践につながっていない点は、反省する必要がある。その流れから、P－SA型学力に注目する人が多いのも理解できる。しかし、私は、P－SA型学力の導入には慎重であるべきだと思う。

P－SA型学力で評価されるのは、状況に応じて知識を応用する力だ。しかし、そのためには、基礎となる知識が十分に身についている必要がある。知識がなければ、それを応用することもできないからだ。近年、日本では「生きる力」の育成を目指したゆとり教育が失敗し、その見直しが進んでいる。ゆとり教育の失敗は、「生きる力」の土台となる基礎学力をおろそかにしたためだ。それなのに、P－SA型学力を性急に導入してしまえば、基礎学力を軽視する風潮を助長して、日本の教育をますます混乱させるだけではないだろうか。まずゆとり教育の失敗をしっかりと反省して、基礎学力の重要性を再認識してからでも、P－SA型学力について考えるのは遅くない。

以上のように、私は、P－SA型学力を無批判に取り入れるのは危険だと考える。

PISA型学力

理解のポイント

「PISA型学力」とは？

近年、教育の分野で、「PISA型学力」や「PISA型読解力」というものが、新しい学力として注目されるようになってきている。

「PISA」とはOECD（経済協力開発機構）が始めた国際学習到達度調査の略称だ。

ここが使える

2000年以来、加盟国の15歳（義務教育修了時）の生徒を対象に、3年に1回行われている。「読解力」（読解リテラシー）「数学的リテラシー」「科学的リテラシー」の3つが主なテーマとして調査され、毎回とくに重点的に調査されるテーマが変わるのが特徴だ。

PISAの大きな特徴は、知識や技能がどれだけあるかではなく、「知識や技能を実生活のさまざまな場面で直面する課題にどの程度活用できるか」が評価の対象になることだ。

ここが使える

つまり、決まった正解を探すのではなく、学んだ知識を活かして、自分で答えをつくり出す能力が問われているわけだ。その意味では、日本の学校で普通行われているテストとは、問題の質も評価の仕方も大きく違っている。

たとえば、公開された問題の中には、二酸化炭素排出量や地球の平均気温のデータが示され、それを読み取って、「温室効果が事実かフィクションか」について論じる問題や、日焼け止め製品がきくかどうかのさまざまな実験の様子を示すデータを見て、その意味を読み解く問題などがある。

ここが使える

こうした**PISAで求められている学力が、従来の「知識・技能重視型の学力」と区別して「PISA型学力」と呼ばれている**わけだ。

「PISA型読解力」について

PISAでは、読解力が「自らの目標を達成し、自らの知識と可能性を発達させ、効果的に社会に参加するために、書かれたテキストを理解し、利用し、熟考する能力」と定義されている。文章や資料を読んで理解するだけでなく、その内容を社会の中で自分を活かすために活用できるかどうかが問われているわけだ。

2003年と2006年のPISAで、日本人生徒の順位がとくに低かったのがこの読解力の分野なので、日本ではとりわけ注目された。

ここが使える

しかし、**ＰＩＳＡ型読解力を養うには、伝統的な国語教育の考え方では限界があり、現場でもいまだに模索が続いているのが現状**だ。

「ＰＩＳＡ型学力」がなぜ注目されているのか？

なぜ「ＰＩＳＡ型学力」や「ＰＩＳＡ型読解力」が、いま注目されているのだろうか。

現在、グローバル化や情報化が進み、社会は刻々と変化している。

そうした中で、変化する状況に応じて、与えられた情報を自分なりに分析し、問題を解決する力が求められている。つまり、

ここが使える

グローバル社会、情報社会においては、知識そのものではなく、知識を活用する力こそが重要だと考えられるようになっている。

もともと、ＯＥＣＤがＰＩＳＡを行っているのは、教育こそが経済発展を左右する重要な要因のひとつと考えているからだ。

経済力をのばすには、国民一人ひとりが、刻々と変化する状況に対して積極的に働きかける力が必要になる。そのために、ＰＩＳＡでは、たんに学校でいい成績をとる力ではなく、社会に出て実際に使える力が評価されるわけだ。

ところが、戦後の日本の学校教育では、伝統的に、そうした実践的な力が軽視されてき

た。そのため、文科省では、1990年代以降、「新しい学力」「生きる力」などのように、自分で学び考える力を重視するようになった。

ここが使える

「PISA型学力」の考え方は、自分で学び考える力を重視する文科省の方針とも合致しているために、注目を浴びるようになったと言えるだろう。

さらに、そうした「新しい学力」「生きる力」などが、客観的に評価しにくい力であるのに対し、PISAはある程度客観的な指標を示してくれる。そのうえ、ほかの国に比べて日本人生徒の学力がどの程度のレベルにあるのかを、順位という形でわかりやすく示しているため、マスコミなどの注目を集めやすいのも、注目されている大きな要因のひとつだ。

ここが使える

ただし、**PISAの結果はあくまでもさまざまな調査方法の結果のひとつでしかなく、それが学力を客観的に評価する絶対的な基準となり得るわけではない点にも注意が必要**だ。

日本の生徒の学力は本当に低下したか？

ゆとり教育が見直されたのは、それが学力低下を招いているという批判を受けたからだ。その根拠になったのは、2006年のPISAの結果だった。

2003年と比べて、「読解力」「数学的リテラシー」「科学的リテラシー」のどの分野でも、日本の順位が少しずつ落ちている。2000年から見ても、2000年から2003年の科学的リテラシーの分野を除いて、回を重ねるごとに順位が低下している。

ゆとり教育が育成を目指していた「新学力」「生きる力」がまさに「PISA型学力」と合致していたので、この結果はゆとり教育が成果をあげられなかった証拠とも考えられた。

ここが使える

従来型の学力評価ならともかく、まさに「PISA型学力」の評価が下がっていることが、ゆとり教育を推進する側にとっては深刻な問題だったわけだ。

とはいえ、日本の生徒の学力は先進国の中で依然高く、毎回参加国や参加学校の数が増えており、この程度の順位の変動にどれだけ意味があるのかわかりにくい。

ここが使える

また、別の調査では、日本人生徒の学力はむしろ上がっているという見方もある。**「学力」をどう定義するかによって見方も変わってくるので、公正な判断は難しい。**

ちなみに、2009年のPISA調査では、科学的リテラシーが前回と同じ順位だったのを除き、ほかの2つの力は少しずつ順位が上がっている。

そのため、学力低下に歯止めがかかったとも言われているが、この結果が前年から始まったゆとり教育の見直しとどう関わっているのかは、はっきりしていない。

7

教育格差

教育格差は、ゆとり教育の問題とからめて論じられることが多いが、それだけでは十分ではない。社会のあり方や民主主義等に関わる根本的なテーマでもある。教育格差を生み出す背景をしっかりと理解して、どうすべきかについても自分なりにきちんとした考えをもっておくといいだろう。

課題

近年、子どもを有名私立校や塾に通わせることのできる家庭と、そうでない家庭とのあいだで、子どもの学力格差が広がっていると言われています。

こうした教育格差を少しでも解消するためには、どのような対策が有効だと考えますか。あなたの意見を６００字以内にまとめなさい。

課題の解説

格差社会の問題が注目されはじめたのは、１９９0年代終わりから２０００年代はじめにかけてのことだ。それに伴って、教育格差の問題も広く注目されるようになった。背景にあるのは、もともとは受験競争の激化だ。

公立学校では受験競争に勝ち抜くだけの学力をつけるのが難しくなったため、それを補うための学習塾が乱立した。また、私立学校が偏差値重視の教育をして、有名大学への合格率を競うようになった。そのために、教育熱心な家庭では、高いお金を出して子どもを塾や有名私立校に通わせるようになった。

一方、経済的に余裕のない家庭はそこまでできないので、どうしても裕福な家庭の子どもがいい学校に集まるようになる。ゆとり教育によって公立学校の学習内容が削減されたことが、そうした傾向に拍車をかけたと言えるだろう。

そうした背景を踏まえたうえで、教育格差を解消するための対策を考えることが求められている。

イエス・ノーでは答えられない問題なので、最初に自分の考える対策をズバリ示して、「第二部　意見提示」以降で、それを検証していく形にするといいだろう。

もちろん、これはそもそも所得格差をどうすべきかという問題でもあるわけだが、それでは問題を広げすぎて、論点が絞り込めないだろう。

そこで、あくまでも教育行政の問題として考えるほうがいい。

近年脱ゆとり教育が進んでいるが、公立学校の教育水準を上げて、私立や塾に行けなくても高度な教育が受けられるようにすることが、まず考えられる。

また、日本の場合、ほかの先進国に比べて教育への公的支援が少ないことがしばしば話題になる。

それを踏まえて、奨学金制度の充実、高等教育の無償化または学費の値下げなどの対策を具体的に示すことができれば、説得力のある内容になるはずだ。

解答例 1

公立学校の教育水準を上げるべき

近年、教育格差の拡大が問題になっている。それを少しでも解消するために、私は、公立学校でももっと高度な教育が受けられるように、学習内容を充実させるべきだと考える。

確かに、教育格差の問題はゆとり教育以前から存在した。家庭環境が、子どもの学習意欲や知的レベルに大きな影響を与えることは否定できない。そうした不平等を許す社会のあり方そのものにも、問題はあるだろう。しかし、ゆとり教育が、そうした格差をさらに拡大させてきたことは間違いない。そのため、まずはゆとり教育以前のレベルに公立学校の学習内容を戻すことが先決だ。

かつて、日本人が高い学力を誇っていたのは、いわゆる詰め込み教育によって、誰もが平等に高度な教育を受けられるような仕組みになっていたからだ。それが1980年代以降、ゆとり教育への移行に伴って、子どもの自主性にまかせるという名目で、どんどん学習内容が削られていった。それでは、受験教育に特化した有名私立校に進学できたり、塾に通わせたりできる家庭の子どもしか、高度な教育を受けられなくなってしまう。学力格差が広がってきたのも、そこに原因がある。だからこそ、公立学校でも元のように高度な教育を可能にすることで、少しでも格差を縮めることができるはずだ。

したがって、私は、公立学校の学習レベルを上げることが、まずは必要だと思う。

解答例 2

教育への公的支援を充実させるべき

最近、教育格差が広がっていると言われている。それに対して、私は、国や自治体による教育への公的支援をもっと充実させるべきだと考える。

確かに、最近の教育格差の拡大は、ゆとり教育によるところが大きい。いま脱ゆとり教育が進められているので、公立学校でも高度な教育が受けられるようになれば、ある程度は格差の拡大も食い止められるかもしれない。しかし、それだけでは、本質的な解決にはならない。

日本はもともと先進国の中でも、教育への公的支援が少ない国として知られている。大学の学費も年々高騰して、いまや国公立と私立とであまり差がなくなっている。そのうえ長い不況のために、教育にお金をかけられない家庭が増えている。そうなると、経済的に豊かな家庭とのあいだで、子どもの教育環境に差が出てきて当然だ。ゆとり教育は、そうした状況に拍車をかけたにすぎない。本質的な解決には、もっと教育への公的支援を増やして家庭の負担を減らすことが必要だ。たとえば、大学の学費をほかの先進国並みに下げる、奨学金制度を充実させるなどの対策をとることで、格差はもっと縮められるはずだ。

したがって、私は、教育への公的支援を充実させることこそが真の解決につながると考える。

教育格差

理解のポイント

ここが使える

ゆとり教育が教育格差を拡大した？

ゆとり教育の問題点としてしばしば指摘されるのが、教育格差を拡大させたことだ。

ゆとり教育によって学習内容が減っても、学歴社会そのものがただちに変わるわけではない。学校の勉強をしているだけでは、難関校に入るだけの学力がつかないかもしれない。

そういう不安を感じた保護者が、公立校ではなくて有名私立校に子どもを入れたり、塾に通わせたりするようになった。

とはいえ、学費の高い私立校や塾に通わせるためには、ある程度の経済的余裕がある家庭でないと難しい。

そのため、裕福な家庭の子どもは私立校や塾などで高度な教育が受けられるが、そうでない家庭の子どもは公立校で削減された学習内容しか教えてもらえないことになる。すると、家庭環境によって子どもの学力に大きな違いが生まれてしまうわけだ。

ここが使える

もともと知識を画一的に教え込む日本の学校教育は「詰め込み教育」として批判されてきたが、どんな家庭の子どもも平等に高度な教育が受けられるようなシステムでもあった。

あまり裕福ではない家庭の子どもでも、本人の努力次第で、学力がつけられて、難関校に進学することもできたわけだ。

しかし、公立の学校で教える学習内容のレベルが下がり、学費の高い私立校や有名塾でしか高度な教育が受けられないとなると、そこに通えない子どもは、いくら意欲があっても学力をつけられない。

ゆとり教育は、こうした不平等を拡大する恐れがあったわけだ。

学歴社会はある意味、平等で民主的な社会?

日本はしばしば「学歴社会」だと言われる。

実際には、諸外国に比べて日本はそれほど学歴重視とは言えない面もあるが、多くの人が「日本は学歴社会」と思い、それによって社会が動いているのは確かだ。

ここが使える

学歴社会とは、学歴によって社会的地位や収入、人物評価などが決まってしまう社会のことだ。この点が、「学力だけで人間を評価するのはよくない」としてしばしば批判される。

しかし、逆にいえば、**がんばって勉強して学力をつけさえすれば出世ができるわけだから、生まれによって職業が決まってしまう社会に比べて、ずっと平等で民主的な社会**だと言うこともできる。

実際、多くの国では、身分制を廃して学力という画一的な基準によって国民の競争を促し、国民の教育水準を上げることで、近代化を進め、経済を発展させてきた。

明治以降の日本でも、生まれではなくて学歴を重視することで優秀な人材を育成し、国力を上げてきた。この考え方は、受験競争が激しくなるなどの弊害も大きかったが、高度成長の時代までは、それなりにプラスに働いてきたと言っていい。

教育の機会は本当に平等か？

しかし、**学歴社会が健全であるためには、教育を受ける機会が平等でなければならない。**

ところが、**実際には、親の学歴や職業によって、子どもの成績に違いがあることがわかっている。親が高学歴だったり、医者や弁護士などの仕事をしている家庭の子どもは、学校の成績もいい傾向がある。**

そうした家庭では、親の教育への意識も高く、知的な環境だと考えられる。そのために、子どもも自然に勉強に取り組むようになり、成績もよくなる。そして、いい学校に入る。つまり、親が高学歴だと、子どもも高学歴になりやすいというわけだ。

こうしてみると、**実際には、必ずしも教育の機会が均等とは言えない**ことがわかる。

それでも教育費が安ければ、本人の努力次第で学力をつけ、高学歴になれる可能性はあるが、家庭環境の違いが子どもの学力に及ぼす影響は、１９９０年代以降、ますます強まっていると言われる。

日本では近年、教育費が上がりつづけている。もともと日本では子どもの教育費が家計に占める割合が高く、国からの援助も世界的に見て極めて少ない。大学の学費も年々上がり、世界でもトップクラスだ。

そして、ゆとり教育のために、中学受験が盛んになり、ますます教育費がかさむ。そうした状況では、安定した収入がある裕福な家庭しか、子どもに高い教育を受けさせられなくなっている。つまり、教育を受ける機会がますます平等ではなくなってきているわけだ。

こうした傾向は、**教育格差が世代を超えて受け継がれる**ことを意味する。

すると、比較的裕福で高度な教育を受ける機会がある階層（上層）とそうでない階層（下層）とが分かれてしまい、それが固定化してしまう。こうなると、かつての身分制社会と同じになってしまう。

そうした社会にならないように、ゆとり教育の見直しのほかにも、公教育の学費をほかの先進国並みに抑えたり、奨学金制度をもっと充実させるなど積極的な対策が必要だろう。

教育における地域格差とは？

最近は、教育における地域間の格差も問題になってきている。

ここが使える
経済が停滞して、地方の産業が疲弊して以来、都市と地方の経済格差が広がり、それが都市部と地方の子どもたちの学力格差を拡大させているという面もある。

ここが使える
だが、それ以上に問題なのは、**地方では高度な教育を受ける機会がもともと少ない**ことだ。

都会なら私立の進学校や有名な塾に通って学力をつけられるが、地方ではそうした私立校や塾が少ない。子どもに高度な教育を受けさせたくても、そもそも選択肢がないのだ。

近年は教育行政でも地方分権化が進み、地域によって教育にかける予算などが違ってきている。財力のない地方自治体では、すでに教職員の数を減らしたり、学校の統廃合を進めるなどして、教育環境が悪化している。

そうなると、ますます教育の地域格差が広がる恐れもある。

8 高校教育の無償化

制度上、誰もが受ける義務教育は中学校までだが、いまや誰もが高校に行って当たり前というような時代になった。そうした現状で打ち出された高校教育の無償化の意味を考えることは、社会全体を見渡した教育のあり方を考えることにつながるはずだ。

課題

２０１０年度から高校教育が無償化された。公立高校の授業料が実質的に無料になっただけでなく、私立高校の授業料も公立高校の授業料分が引かれた額になった。それでは、こうした高校教育の無償化によって、社会全体にとって意味のある教育効果を上げることが期待できるか。６００字以内であなたの意見をまとめなさい。

課題の解説

この課題では、高校教育の無償化そのものの是非ではなく、それが本当に社会全体にとって意味のある教育効果を上げられるのか、それについて考えることが求められている。そのためには、まずは高校教育の無償化の背景を考える必要がある。

無償化の背景としてまず思い浮かぶのは、長引く不況の影響だ。

高校に進学しても、家庭の経済事情で学費が払えなくなるケースが増加している。経済的に困っている家庭の子どもの中には、せっかく学ぶ意欲がありながらも、高校を中退せざるを得ない子どももいるだろう。そうでなくても、高校生が自らアルバイトで学費を稼ぎながら通学するとなると、アルバイトの負担が大きくなり、勉学に力を割く余裕がなくなってしまう。

高校教育の無償化は、学ぶ意欲がありながら、経済的に困っている多くの生徒を救うことになるはずだ。そればかりでなく、学ぶ意欲のある生徒が勉学を継続できれば、社会全体の教育レベルが上がり、将来の社会の発展につながることも期待できる。

しかし、高校中退者の退学理由を見てみると、必ずしも経済的理由だけではないという点も見過ごすことはできない。

高校進学が当たり前になった状況では、目的意識や向学心がそれほど強くない生徒も高校に進学する。

しかし、そうした生徒の中には、もともと学習習慣が身についていなかったり、進んだ学習についていけなくなって中退する者も多い。そうした生徒にとっては、無償化しても、勉学を続ける動機にはならないだろう。

もともと学ぶ意欲があまりない生徒にどうやって意欲をもたせるかという対策がとられない限り、社会全体で見ると、学力格差がさらに開いてしまう可能性がある。

ほかにも思いつくことはあるはずだが、いずれにしても、高校教育の無償化の社会全体で見た教育効果について、よく吟味したうえで、四部構成でまとめるといいだろう。

解答例 1

【賛成】教育レベルの高い労働者が、日本社会にとって必要

２０１０年度から高校教育が無償化された。公立高校の授業料が無料になり、私立高校の学費も、公立高校の授業料と同じ額だけ安くなる。では、はたして高校教育の無償化によって、社会全体にとって意味のある教育効果が上がるだろうか。

確かに、高校教育を無償化しても、経済的に困っているわけではない家庭の子どもは、それほど恩恵を受けない。また、そもそも経済的な理由以外で学ぶ意欲を失っている生徒に対しては、学ぶ意欲をかきたてるような効果があるとは考えられない。しかし、それでも、高校教育の無償化には、社会全体を支えるような教育効果が期待できる。

日本は資源が乏しく、人材によって国を支えなくてはならない。かつて日本が経済発展してきたのは、教育レベルの高い労働者の質のよさによってだ。高度技術化がますます進むであろう今後の社会においても、それは変わらないはずだ。そのためには、これからも中等教育や高等教育の充実をはからなくてはならない。経済的な事情で勉学を続けられない生徒がいるならば、それは社会としても大きな損失だ。無償化によってそうした生徒が勉学を続けられるなら、将来的にも社会を維持し発展させていくうえで大きな意味をもつ。

したがって、高校教育の無償化により、社会全体にとって意味のある教育効果が期待できると私は考える。

解答例 2

【反対】高校教育の見直しが先決

２０１０年から、公立高校の授業料が無料になり、私立高校の学費も公立高校の授業料分、安くなった。では、そうした高校教育の無償化により、社会全体にとって意味のある教育効果が上がるのだろうか。

確かに、高校教育の無償化には大きな意味がある。不況のために、家庭の経済事情が許さずに高校を中退したり、高校進学を断念する生徒がいるならば、それは大きな社会問題だ。高校教育の無償化は、そうした問題を解決する手段になる。しかし、社会全体を見渡すと、高校教育の無償化の教育効果には疑問がある。

そもそも高校教育とは、義務教育を終えて、さらに学びたい者が受ける教育だ。しかし、いまや大多数の中学卒業生が高校へ進学している。周囲がみんな行くからというだけで、高校に進学する生徒も多いだろう。そうした生徒は、高校での勉学に意味や意義を見出しにくいことが考えられる。そういった状況では、仮に高校教育を無償化しても、それだけでは多くの生徒にとって、高校で勉学に励む動機にはならないはずだ。高校教育の内容を見直し、生徒にとって学ぶ意義が感じられるものにするのが先決だ。

以上のように、高校教育の無償化だけでは、社会全体にとって意味のある教育効果は上げられないと考える。

高校教育の無償化

理解のポイント

ここが使える

高校進学率は98パーセント——高校も事実上の義務教育に

日本の義務教育は中学校までで、高校は義務教育ではない。制度上は義務教育を終えれば、就職か進学かという進路の選択ができる。**本来は、より高度な勉強をする意欲のある生徒だけが、高校や高等専門学校へ進学すればいい**わけだ。

ここが使える

しかし、**現状では、日本の高校進学率は98パーセントにも及び、高校も事実上の義務教育と化している**と言っても過言ではない。

高校教育の無償化導入の背景

2010年、政府が高校教育（高等専門学校を含む）の無償化導入に踏み切った背景には、大きく3つの要因がある。

ここが使える

まず、**高校進学率は高いものの、中退者も多いという現状**がある。

なかでも、「課題の解説」でも触れたように、長引く不況の影響で、家庭の経済的困窮による高校中退者の数が無視できなくなっている。以前であれば、奨学金をもらって高校に通い、卒業後に奨学金を返済していくこともできたが、奨学金制度で救える数を上回るほど、経済的に困難な家庭が増えてきたものと思われる。

ここが使える

次に、**国際的な中等教育の無償化の流れ**がある。

1966年、国連総会で国際人権規約が採択されたが、その中で中等教育（日本では中学と高校が該当する）の「無償教育の漸進的な導入」が求められた。

各国は、その求めに応じて中等教育の無償化を進めていったが、日本はなかなか無償化に踏み切らず、結局、締約国160カ国のうち、無償化を実現していない国は日本とマダガスカルだけになってしまった。

もっとも、中等教育過程への進学率は、国によって大幅に異なる。

ここが使える

日本のように、ほとんどの子どもが中等教育の後期過程（高校）に進学する国は世界全体で見れば少数派であり、国の負担の大きさを考えると、日本が無償化をなかなか導入できなかったのも理解できる。しかし、やはり国際標準に満たないようでは、教育制度の国際化という点で、他国に遅れをとってしまう。

ここが使える

3つめは、**今後の日本の発展を考えての投資という意味合い**だ。

OECD（経済協力開発機構）の統計によれば、高等教育（大学）までの教育への投資は、投資額の2倍の経済的効果を生み出す。また、中等教育後期（高校）までの教育投資は、「教育レベルが向上して健康への意識が高まる」「知識をもたない単純労働者の割合が減少して、失業率が景気に左右されにくくなる」「政治的意識が向上する」といった効果をもたらすと報告されている。

ここが使える

これらが日本にもそのまま当てはまるとは考えにくいが、少なくとも、**先進国にふさわしい技術力や労働者の教育レベルを維持し、社会を今後も発展させていくには、教育への投資は必要**と判断されたわけだ。

高校教育の無償化とは？

高校教育の無償化は、国によれば、次のように位置づけられている。

「全ての意志ある高校生等が、安心して勉学に打ち込める社会をつくるため、国の費用により、公立高等学校の授業料を無償化するとともに、国立・私立高校等の生徒の授業料に充てる高等学校等就学支援金を創設し、教育費の負担を軽減する」

これを読めばわかるように、**高校教育の無償化といっても、教育費が完全に無料になるわけではない**。無償化されるのは授業料のみで、教育にかかるその他の費用は含まれない。高校では教科書代や通学費もかさむが、それらは含まれておらず、あくまで「教育費の負担の軽減」が目的だ。

この点で、公立ならば教科書代も無料の義務教育とは異なる。そのため、経済的事情による中退者を防ぐのにも限度がある。

また、高校になると、義務教育の場合と違って留年者も出てくるが、海外留学や病気などの特別な事情以外は、3年（定時制や通信制では4年）を超える分は無償化されない。つまり、留年者にとっては、相変わらず勉学の継続は困難な状態が続くわけだ。

このように、制度的には完全なものとは言えない面があることにも注意しておきたい。

そのほかの問題点――学校間格差、財源など

高校教育の無償化によって、家庭の経済力の差による学力格差はかなり埋めることができるが、学校間格差は開いてしまうという指摘がある。

私立は学費が高く、公立の授業料相当分を差し引いても、依然として高額の教育費がか

かる。そのため、全体として、公立高校の人気が高まる。

そうすると、公立高校の競争率が激化し、進学実績などに優れたレベルの高い公立高校へはなかなか入りにくくなる。こうして、公立高校のあいだでも、格差がいままで以上に広がってしまう。

それに、高校の授業料が無償化されれば、学べることのありがたみを感じにくくなり、それが学ぶ意欲の減退を招かないとも限らない。

ここが使える

また、財源の問題もある。**高校教育の無償化の財源を確保するために、いままで税金が免除されていた部分に税金をかければ、負担が重くなる家庭も出てくる。見かけ上、教育費の負担は減っても、ほかの部分で負担が増えてしまう心配があるのだ。**

そもそも高校教育の無償化以前にやるべきことがある、という見方もある。

経済的に恵まれない家庭の子どもは、将来に希望を見出しにくい傾向がある。経済的に恵まれた家庭の子どもでも、勉学への意欲が減退したり、将来に希望をもてない者も増えている。それでは、いくら高校教育を無償化しても多くの効果は期待できない。

ここが使える

子どもたちに希望をもたせ、勉学への意欲をもたせる対策ができてこそ、高校教育の無償化も生きてくるはずだ。

9 ボランティアと学校

社会の変化に伴って、日本でもボランティアの役割が注目されるようになってきた。そのため、ボランティアと学校教育との関わりも強くなってきている。学校教育の役割や学校と地域との関係の変化が、そうした背景にある。問題点をよく理解したうえで、自分なりの意見を整理しておくといいだろう。

課題

近年、学校教育にボランティアを取り入れようとする動きが強まっています。ボランティア活動を必修単位にしたり、入試の際にボランティアの実績を評価の対象にしたりする学校も増えてきました。

そういった傾向に対して、あなたはどのように考えますか。600字以内で論じなさい。

課題の解説

問題提起は、「学校教育にボランティアを取り入れるのは好ましいか」などでいいだろう。この問題の是非を論じるには、ボランティアの教育的意義について考える必要がある。

日本では、「ボランティア＝無償の奉仕活動」というイメージが強いが、本来は社会参加のひとつのあり方であり、自己実現や社会性の育成につながるものだ。

たんに「いいことをした」「人の役に立った」というだけでは、教育的意義があるとは言えないが、ボランティア活動を通じて人間的に成長できるのであれば、それは十分に教育的意義があるだろう。

具体的には、ボランティア活動に参加することで、さまざまな世代の地域の人と交流する機会ができる。仲間集団の中に閉じこもりがちな現代の子どもにとって、これは社会とのかかわりを実感できる貴重な体験になるはずだ。

そして、自分のしたことが誰かの役に立ち得ることを感じ、自分が社会の中の一員であり、相互の支え合いによって社会が成り立っていることを実感できる機会でもある。

こうしたことが本当に学べるのであれば、これは学校の授業では決して教えられないことなので、子どもの教育にとっても大きな意味があるだろう。

しかし、問題があるとすれば、ボランティアを単位化したり入試の合否を決める材料にすると、そのためだけにボランティアをする生徒も出てくるだろう、ということだ。

このことは、自発性を尊重するボランティア本来の意味に反するだけでなく、自分勝手な都合で参加するボランティアで、本当に意味のあることが学べるのかという疑問も残る。

また、中学校や高校までならともかく、大学とは本来、専門的な教育・研究のための場であって、社会体験を積むための場ではない。学生が個人としてボランティア活動に励むのはいいが、それを単位として認めるのは、大学の存在意義に反するのではないかという意見もあるだろう。

イエス・ノー、どちらの立場で論じても、十分説得力のある内容になるはずだ。

解答例 1

【賛成】ボランティアには教育的意義がある

近年、ボランティア活動を単位化するなど、学校教育にボランティアを取り入れようとする動きが強まっている。はたして、こうした動きは好ましいのだろうか。

確かに、単位化すると、単位をとることだけが目的でボランティアに参加する若者も増えるだろう。ボランティアは本来、自発的で無償の行為であるべきなのに、これではボランティアとは言えない行為ばかりが広まる恐れもある。しかし、私は、ボランティアを学校教育に取り入れるのはよいことだと思う。

地域社会が崩壊したこともあって、現代の子どもたちは、社会と直接関わりをもつ機会が減っている。同世代の仲間と付き合うだけで、さまざまな世代の人たちと交流する機会も少ない。ボランティアに参加することで、そうした世代を超えた交流ができ、社会との関わりをもつことができる。自分がほかの人たちのために何ができるかを知り、社会の一員としての自分の存在意義を感じることもできるのだ。そうした経験は、学校では決して得られないものであり、それだけでも十分に教育的な意義があるはずだ。だとすれば、学校教育の中にボランティアを組み込んでいくことは、子どもの教育にとって大きな意味のあることだろう。

以上のように、私はボランティアをこれからも学校教育に取り入れていくべきだと思う。

解答例 2

【反対】利己的な動機でボランティアをする人を増やすだけ

近年、ボランティアを単位化したり、入試で評価の対象にしたりする学校が増えている。はたして、学校教育にボランティアを取り入れるのは好ましいことなのだろうか。

確かに、ボランティアに教育的意義があることは否定できない。ボランティアへの参加を通じて、子どもたちは社会と触れ合い、さまざまな体験をして、人間的に成長できるはずだ。そのため、若者も、もっと積極的にボランティアに参加するべきだろう。しかし、だからといって、それを学校教育に取り入れることには慎重であるべきだ。

ボランティアを単位化したり、入試での評価の対象にしたりすれば、それだけが目的でボランティアに参加する若者が必ず出てくる。ボランティアに教育的意義があるとしても、それは自発的に参加した場合に限られるだろう。単位取得などの利己的な動機で参加した場合、はたしてボランティアによって自分を成長させるような体験ができるのかどうか、疑問が残る。それに、そういった動機でボランティアに参加する若者が増えると、困るのはボランティアをされる側の人たちだ。利己的な動機でボランティアに参加する人は、相手のことを考えないで、自分勝手なふるまいをする恐れもあるからだ。

したがって、私はボランティアを学校教育に取り入れるのは、必ずしも好ましいとは言えないと考える。

理解のポイント

文科省によるボランティアの単位化要請

２０１１年4月、東日本大震災の直後、文科省は、大学生がボランティア活動に参加した場合、それを大学の単位として認定するように、各大学に要請した。学生は、ボランティア活動に参加すれば、大学の単位がもらえるようになるわけだ。

ここが使える

しかし、それに対して、大学関係者からは、「ボランティアは自発的な行為であり、単位化してまでやらせるべきものではない」「大学は専門的な教育・研究をするための場。ボランティアを単位化するのはおかしい」などの反対意見も聞かれた。

ここが使える

一方、文科省の要請を受け入れるべきという立場からは、「大学は公共的な役割を担っているので、復興支援につながるなら協力すべき」「ボランティアを通じて学生は授業では得られないものを得るのだから、教育的な意味がある」などの意見があった。

大学教育のあり方に関わる問題だけに、今後も多くの議論を呼びそうだ。

学校教育へのボランティア導入

近年、ボランティア活動を学校教育に取り入れる試みが増えている。

ボランティアは、日本では「篤志家による奉仕活動」というイメージがいまだに強いが、本来は、自発的な意思にもとづいて、他者と協力し合いながら社会をよくしていこうとする活動のことだ。**ボランティアを通して、他者と共同作業をしたり、社会のために自分に何ができるかを実感できる。それにより、公共的な精神を身につけ、社会の一員としての自覚を高めることもできる。**

ここが使える

かつて、地域社会の中で育った子どもたちは、町内会の活動などを通して、そうした社会性を自然と身につけていった。しかし、**現在は、地域社会が崩れてしまい、子どもたちが社会と関わる場が減っている。それもあり、ボランティアの教育的な意義が注目されるようになってきた**わけだ。

ここが使える

たとえば、1996年の中央教育審議会の答申では、子どもたちのボランティア活動の意義について、「他者の存在を意識し、コミュニティの一員であることを自覚し、お互いが支え合う社会の仕組みを考える中で自己を形成し、実際の活動を通じて自己実現を図っていく」ことと規定されている。

こうした考えにもとづいて、ゆとり教育以降、学校教育においてボランティアなどの体験学習が重視されるようになり、学校でも計画的な取り組みが求められるようになった。

そこで、「総合的な学習の時間」を使って、地元のボランティア活動家の話を聞いたり、実際に地域のボランティアに参加したりなど、ボランティア学習に積極的に取り組む学校が増えている。

ここが使える

ちなみに欧米では、もともとボランティアの教育的意義が広く認められているので、学校によるボランティアへの取り組みにも、早くから積極的な国が多かった。

たとえば、アメリカでは、高校生や大学生が一定の時間ボランティア活動に従事すると、業種や分野によっては大学進学や就職に有利になる、というシステムがある。

もっとも、こうしたシステムが有効に働くのは、ボランティアが市民の生活に深く根づいている社会だからだ。

ここが使える

日本では、まず一般の市民のあいだでボランティアへの抵抗をなくし、ボランティア活動の意義を広く認識させることが先決だろう。

ボランティアの義務化とその問題点は？

ここが使える

最近は、ボランティアを必修化したり、単位化するなどの動きも出てきている。

たとえば、東京都の都立高校では、２００７年度から「奉仕」の時間が設けられ、ボランティア活動を必修化している。

一部の大学でも、以前からボランティア活動を単位として認定しているところがある。

ここが使える

しかし、**「本当にボランティアの意義に適っているのか」という疑問の声もある。単位のためのボランティア活動で、本当に公共的な精神が養えるのか、というわけだ。**実際、都立高校の場合、授業で行わせるのは生徒の自発的な行為とは言えないため、あえて「ボランティア」と言わず「奉仕」と呼ぶことにしているようだ。

また、単位にはならなくても、ボランティア活動をすると、高校入試や大学入試の際に評価されて有利になる場合もある。

ここが使える

「学力だけでなく、ボランティア活動のような意義のある活動が正当に評価されるのはよいことだ」という意見がある一方で、**「入試などのためにボランティアをするのは本末転倒。ボランティアの意義に反している」**という意見もあり、いまだに議論は割れている。

「学校ボランティア」と「開かれた学校」

近年、地域住民や地元の企業、市民団体などが学校の教育活動をサポートすることが増えている。これを「学校ボランティア」（または学校支援ボランティア）という。

ここが使える

「学校ボランティア」の背景には、「開かれた学校」を目指す考え方がある。学校をもっと地域に開かれた場にして、家庭や地域社会との連携を高めようという考え方だ。

具体的には、保護者や地域住民が学校と意見交換をして、学校の運営に自分たちの意見を反映させたり、学校を地域の人の交流の場として活用するなどだ。

その一環として、「地域の教育力を活用する」という目的で、保護者や地域住民がさまざまな形で学校の活動を支援する「学校ボランティア」が登場したわけだ。

この動きは、現在では全国的に広まって、「生徒の登下校の安全監視」「体験学習などの臨時講師」「部活動の指導」「学校行事の運営の手伝い」「授業での生徒の学習補助」など、多岐にわたる活動がボランティアによって担われている。

ここが使える

ただし、教師とボランティア、またはボランティア同士の連携が必ずしも十分ではない、経験不足のボランティアが教師の足を引っ張る場合もあるなど、問題点も決して少なくない。

10

特別支援教育

「特殊教育」が「特別支援教育」になって、障害児教育の理念と内容も大きく変化した。この変化は、たんに障害児の教育だけでなく、学校教育のあり方全体に関わるものだ。そのため、何がどう変わったのか、その背景にはどんな理念があるのか、よく理解したうえで、自分の意見をまとめておくといいだろう。

課題

従来、障害児教育は、養護学校などの障害児向けの学校で行われていましたが、2007年度から始まった特別支援教育においては、通常学校でも障害児教育ができるようになりました。しかし、その一方で、近年、知的障害のない発達障害などの子どもでも、特別支援学校への進学を希望するケースが増えていると言われています。

このことについて、あなたはどう考えますか。600字以内で論じなさい。

課題の解説

この問題を考える前に、まず問題の背景をよく理解する必要がある。

従来の障害児教育（特殊教育）では、知的障害のない発達障害（LD、ADHD、高機能自閉症など）の子どもは、障害児教育の対象に含まれていなかった。

そのため、通常学校で健常児と同じように授業を受けさせられたわけだが、いじめを受けたり不登校になるなどの問題も多かった。特別支援教育では、そうした子どもたちも障害児教育の対象に含まれ、通常学校でも必要な支援を受けられるようになった。

ところが、通常学校では、障害児への支援体制がまだまだ不十分なところが多い。

そのため、むしろ支援体制の整っている特別支援学校に通わせたいと考える保護者が増えているわけだ。

　こうした状況が好ましいかどうかを問題提起するといい。イエスの立場であれば、「特別支援教育の理念がどうであれ、現実には通常学校では差別されることが多い。したがって、特別支援学校で差別もなく安心して学習できるのなら、そのほうが子どものためにいい」などのように、現実を踏まえたうえで、子どもたちにとってどちらが好ましいかという方向で論じることができる。

　逆に、ノーの立場なら、やはりこうした状況が、本来の特別支援教育の考え方に反していることをしっかりと論じるべきだろう。

　健常児と障害児の区別をなくして、一人ひとりの子どものニーズに応じた教育を実現するのが特別支援教育の理念だ。にもかかわらず、通常学校に通えるはずの発達障害の子どもまで特別支援学校に通うというのでは、かえって差別を助長する恐れがある。そうしたことを論じると、説得力がある。

　いずれにせよ、特別支援教育の考え方をきちんと理解し、それを踏まえたうえで、イエス・ノーを論じることが大切だ。

解答例 1

【賛成】現状を踏まえて考えるべき

近年、知的障害のない発達障害の子どもが、特別支援学校に通うケースが増えているという。こうした傾向は、はたして好ましいと言えるのだろうか。

確かに、特別支援教育の理念においては、障害児も健常児と同じ学級で、同じような教育を受けるのが望ましい。とくに、これまでも通常学校に通っていたような軽度の障害児であれば、できるだけ通常学校に通って、その中で必要な支援を受けるというのが、本来の理想だろう。しかし、現実を踏まえて考えると、こうした傾向は必ずしも否定できない。

特別支援教育はまだ始まったばかりで、通常学校での障害児への支援体制は、まだまだ十分とは言えない。これまで、発達障害などの子どもは、障害児教育の対象に含まれず、通常学校に通わせられて、必要な支援を受けられなかった。となれば、これまで学校の無策に苦しんできた親が、必要な支援を受けられる特別支援学校のほうを選ぶのも無理はない。それに、特別支援学校であれば、差別やいじめの問題も考えずにすむ。特別支援教育の理念は尊重すべきだが、それが十分に定着して通常学校の支援体制が整うまでは、健常児と障害児が席を並べて勉強するという理想の実現は難しいだろう。

したがって、軽度の障害児が特別支援学校を選ぶ傾向は、一概には否定できないと私は考える。

解答例 2

【反対】特別支援教育の理念を尊重すべき

近年、知的障害のない発達障害の子どもが、特別支援学校への進学を希望するケースが増えている。この傾向は、はたして好ましいのだろうか。

確かに、軽度ではあっても、障害をもつ子どもが通常学校に通学する場合、差別されたり、いじめを受けるといった問題は少なくない。そうした問題を避けるためにも、支援の行き届いている特別支援学校への通学を希望する親が多いのは理解できる。しかし、特別支援教育の理念を考えると、こうした傾向は好ましいとは言えない。

特別支援教育の理念は、障害の有無にかかわらず、子どもたち一人ひとりのニーズに応じて必要な支援をするというものだ。そのためには、とくに軽度の障害児であれば、できるだけ通常学校に通って、必要な場合のみ支援を受けるという形が望ましい。それなのに、従来は通常学校に通っていたような軽度の障害児まで特別支援学校に通うことになると、かつて以上に障害児の隔離が進んでしまう。そうなると、障害児への差別がますます助長されていく恐れもあるのだ。

したがって、私は、軽度の障害児が特別支援学校を選ぶという最近の傾向は、好ましいものではないと考える。

特別支援教育

理解のポイント

ここが使える

「特殊教育」から「特別支援教育」へ

2007年度から、これまで「特殊教育」と呼ばれていた障害児教育が、「特別支援教育」へと移行した。

従来の「特殊教育」は、限られた数の障害児を対象に、盲学校・ろう学校・養護学校という障害児向けの学校や殊学級などの特別な場で行われてきた。1979年までは、重い障害だと就学を拒否されるなど、障害児は教育を受ける権利が保障されていなかった。

その一方で、発達障害などの軽度の障害の子どもは特殊教育の対象からはずされて、通常の学級で、ほかの生徒と同じように授業を受けさせられた。そのため、ほかの生徒にいじめられたり、不登校になったりするケースも少なくなかった。

ここが使える

このように、これまでの「特殊教育」の考え方の背景には、障害のある子どもとない子どもを分け、障害をもつ子どもを、通常の教育になじまない「特殊」な存在と見なすような考え方があったことは否定できない。

「特別支援教育」になって何が変わった？

ここが使える

従来の「特殊教育」が、限られた障害児を特別な場において指導するという発想にとどまっていたのに対し、「特別支援教育」では、「支援を必要とする子どもたちに対して、一人ひとりのニーズに応じた教育を継続的に行う」という考え方に変わった。

具体的には、これまで健常児といっしょに扱われていた発達障害などの子どもたちも、特別支援の対象となる。そのために、通常学校・通常学級においても「特別支援教育」が実施される。つまり、学校全体で「特別支援教育」を行うということだ。

また、盲学校・ろう学校・養護学校というように、障害の種類別に学校が分けられていたのを、特別支援学校に統一する。そして、特別支援学校が、地域の特別支援教育のセンター的役割を担い、通常学校や地域の医療・保健機関、福祉ボランティアなどと連携をとりつつ、地域社会全体で障害児教育を支えるという仕組みになる。また、特別支援学校は、地域の学校の特別支援教育をサポートする役割も与えられる。

ここが使える

このように、障害をもつ子どもたちを、特別支援学校などの特別な場だけでなく、学校

ぐるみ、地域ぐるみで支援していこうというように、方向転換をしたわけだ。

さらに、一人ひとりの障害児に対しても、生涯にわたっての個別の教育支援計画を立て、関係諸機関が連携しながらサポートしていくことになる。

また、特別支援教育コーディネーターを校内に置いて、関係諸機関の調整役とするなど、きめ細かい支援体制をつくることが求められている。

根底にある「インクルージョン教育」とは？

「特殊教育」から「特別支援教育」への転換は、「インクルージョン教育」（インクルーシブ教育、包括教育）の考え方が根底にある。

インクルージョン教育とは、障害の有無にかかわらず、子どもには違いがあって当然という前提に立ち、一人ひとりの教育的ニーズに応じた教育をしようという考え方だ。

ノーマライゼーションの概念が一般化し、「障害は欠落ではなくて個性」という考え方も浸透してきた。そのため、学校教育においても、障害児を特別扱いするのではなく、健常児と同じように、個性あるひとりの子どもとして扱うべきだとする考え方が生まれてきた。

したがって、**障害のある子どももできるだけ通常の学級で授業を受け、必要に応じて適**

切な支援を受けるというのが、インクルージョン教育の理想的な形だ。

もちろん、特別支援学校・学級を一気になくすことはできない。そこまでする必要があるのか議論の余地もある。しかし、**発達障害の子どもたちを「特別な教育的ニーズをもつ子どもたち」と捉えて、通常学級でも必要な支援が行えるようになったのは大きな前進と言える**だろう。

このように、**普通教育と障害児教育を完全に分けるのではなく、健常児も障害児も、その子のニーズに応じてきめ細かい教育上の支援を可能にするのがインクルージョン教育**だ。

「特別支援教育」の問題点——支援体制の不備など

もちろん、「特別支援教育」への移行には問題点も少なくはない。

まず、**通常学校での障害児への支援体制は、まだまだ十分とは言えない**。障害児教育の理解も経験も乏しい教師が多いことも問題だが、**そもそも通常の授業や生徒指導のほかに、障害児の支援という仕事まで教師に負わせるのは無理がある**という意見もある。

インクルージョン教育の理念という観点からは、次の2つのことが言えそうだ。

まず、日本の「特別支援教育」は、インクルージョン教育の本来の考え方からはまだまだ遠いと言われる。

特別支援の対象となる子どもの割合は、以前より大きく増えたとはいえ、諸外国に比べると、まだかなり少ない。それに、日本では特別支援の対象が障害児に限定されているが、社会的・文化的な理由で学習困難な状態に陥っている子どもも特別支援の対象と考えるのが、本来のインクルージョン教育の考え方だ。

一方で、インクルージョン教育の理念そのものに対する疑問の声もある。

たとえば、インクルージョン教育では、重度の障害のある子どもたちも、いずれは通常学級で健常児と席を並べるのが理想とされている。

ここが使える

しかし、それが本当に子どもたちにとって望ましいことかどうか。**同じ障害をもつ者同士で、その障害に応じた専門的な教育を受けるほうが差別もなく、将来の就職にもつながるので好ましい**、という考え方もあるはずだ。その点については、盲学校やろう学校などを特別支援学校に一本化したことに対する批判も、依然として残っている。

このように、特別支援学校や特別支援学級の役割をどう考えるかは、「特別支援教育」を進めていくにあたって、議論の的でありつづけるだろう。

11 小学校の英語教育

小学生の英語学習が義務づけられるようになった。その一方で、早くから外国語を教えることの弊害や現状の問題点を指摘する声も少なくない。メリットとデメリットの両方を整理したうえで、学校教育における英語教育の位置づけについて、自分なりに考えをまとめておくようにしよう。

課題

２０１１年度より、小学校での英語教育が必修化されました。現在、公立の学校では、小学5～6年生に対して、週1回の授業が行われています。
それに対し、小学生のときから英語を教えるのは問題が多いとして反対する意見も、いまだに根強くあります。あなたはどう考えますか。６００字以内で論じなさい。

課題の解説

日本の英語教育の問題点については、以前から指摘されてきた。中学・高校の6年間、英語を勉強しても、日常会話さえできない人がほとんどだろう。それに対して、もっと早いうちから英語を教えるべきだという意見もしばしば聞かれた。そうした声の高まりを受けて、２０１１年度から、小学校での英語教育が必修化されたわけだ。

問題提起は、「小学校での英語教育の必修化は好ましいか」「小学校での英語教育は本当に必要か」などでいいだろう。

注意したいのは、英語力をつけることの必要性を論じても、イエスの理由としては不十分だということだ。イエスの立場で書くなら、「英語力をつけるためには、早くからの英語教育が効果的」ということを具体的に論じる必要がある。

たとえば、「子どものうちのほうが、言葉を覚えるのが早く、外国語にも適応しやすい」「小学校のあいだに、勉強としてではなく、遊び感覚で英語になじんでおくほうが、中学校以降の英語の習得が早くなる」「日本人が英語ができないのは、恥ずかしがって積極的に話そうとしないから。まだ自意識の乏しい子どものうちに、英語でのコミュニケーションに慣れさせておくべきだ」などの論が考えられる。

ノーで書く場合は、いくつかのアプローチが考えられる。

まず、小学校での英語教育そのものを批判する方向だ。「日本人は日本語をしっかりと使えるようになってこそ、思考力が身につくのに、その前に外国語を教えてしまうと、思考力が育たない」などの論じ方ができるだろう。

また、「いま小学校で、英語教育をするのは時期尚早」という方向で論じることも可能だ。実際、英語がろくにできない小学校教師が教えても、間違った発音などを覚え込むだけで、かえって正しい英語の習得の妨げになるといった反対意見も多い。

イエス・ノー、どちらの立場で論じても、十分説得力のある内容になるはずだ。

解答例 1

【賛成】英語での積極的なコミュニケーションを

2011年度から、小学校での英語教育が必修化されたが、反対意見もいまだに根強い。小学校での英語教育の必修化は、本当に好ましいことなのだろうか。

確かに、現状ではまだ問題点も多いだろう。小学校の先生がどれだけきちんと英語を教えられるのか、疑問は残る。間違った英語を覚えさせるくらいなら、やめたほうがいいという意見もわからなくもない。しかし、私は、小学校から英語を教えることには賛成だ。

日本人がなかなか英語力が身につかないのは、恥ずかしがって積極的に話そうとしないからだ。いくら文法などを学んでも、それだけで英会話力がつくはずがない。積極的なコミュニケーションこそが、語学力を上げる近道なのだ。ところが、もともと内向的な日本人にはそれが難しい。中学生ともなると、外国語を話すことに恥ずかしさを覚えるようになってしまう。そこで、まだ自意識の乏しい小学生のうちに、英語でのコミュニケーションに慣れさせることが大切だ。そうすれば、恥ずかしいという意識が芽生える前に、英語で話すことに慣れ、抵抗を感じなくなるのではないか。単語や発音の間違いなどは、あとからいくらでも修正がきくはずだ。

このように、私は、小学校での英語教育は好ましいと考える。

解答例 2

【反対】英語より国語力をつけるほうが大事

２０１１年度より、小学校での英語教育が必修化された。しかし、はたして、小学校で英語を教えるべきなのだろうか。

確かに、子どものほうが言葉を覚えるのが早いので、外国語を習得するには、早くからなじんでおくほうがいいとよく言われる。英語力をつけることだけを考えるなら、小学校から英語を教えるのは好ましいのかもしれない。しかし、私は、むしろ弊害のほうが大きいと考える。

いくら英語が国際共通語だといっても、日本人にとって、母語はあくまでも日本語だ。人間は言葉によって考える。だから、日本人は日本語をしっかり使えるようになってこそ、思考力が身につく。にもかかわらず、まだ日本語のしっかりしていない小学生のときから外国語を教えてしまうと、日本語のほうがおろそかになってしまう。それでは、考える力が育たない。いくら英語が自由に話せても、考える力がなければ、意味のある会話にならないだろう。教え方さえ工夫すれば、英語は中学生からでも十分身につくはずだ。小学生のうちは、むしろ国語教育を充実させ、日本語力を身につけさせるほうが重要ではないだろうか。

したがって、私は、小学校から英語を教えるべきではないと考える。

小学校の英語教育

理解のポイント

これまでの日本の英語教育は、文法や読み書き中心だった

ここが使える

日本の英語教育は、これまで文法や読み書きに偏っていて、話す・聞くという面を軽視してきたと言われる。とくに、大学入試では英文和訳や和文英訳が重視されるため、受験で高得点をとるための「受験英語」を身につける必要があった。

しかし、受験英語ができても、英会話能力は育たない。中学、高校と6年間英語を学習したにもかかわらず、日常会話程度の英語さえ話せない日本人がほとんどだ。

ここが使える

現在、英語は事実上の国際共通語になっており、グローバル化が進んで、一般の社会人も仕事で英語を使わざるを得ない機会が増えている。日本の企業の中にも、社内で使う言語を英語に統一しようとする企業が出てきている。

こうした現実がある中で、文科省は「英語を使える日本人」の育成を目指し、「中学校・高等学校を卒業したら英語でコミュニケーションができる」「大学を卒業したら仕事で英

語が使える」ことを目標にして、英語教育の改革を進めてきた。

小学校への英語教育の導入

英語教育の改革のひとつとして、2011年度から、小学校でも英語教育が必修化された。具体的には、小学校の5・6年で、週1回、年に35時間の授業が行われる。ただし、国語や算数などの「教科」ではないので、成績はつかないし、中学入試の試験科目にもならない。

実際には、以前から小学校でも、「総合的な学習の時間」を利用するなど、英語教育への取り組みは行われてきた。しかし、年に数回しか授業をしない学校がある一方で、中学校並みに本格的に取り組んでいる学校もあり、学校間の教育内容のばらつきがひどかった。生徒によって習得度が違うと、中学校に入ってからの英語教育もスムーズにいかなくなる。ここが使える **学校によるばらつきをなくすため、小学校での英語教育を必修化して、ある程度カリキュラムを統一しようとした**わけだ。

ちなみに、アジアの主要国では、すでに小学校での英語教育が普通に行われている。ここが使える **今回の英語教育の必修化には、アジアの中で遅れをとらないためにも必要との判断も働**

いていたはずだ。

実際の授業内容と問題点は？

では、実際にどのように授業が行われているのか。

小学校での英語教育は、中学校での学習の前倒しではなく、あくまでも英語でのコミュニケーションに慣れさせ、中学以降の英語学習がスムーズに行えるようにするのが狙いとされている。

そのため、読み書きを教えるのではなく、ゲームや歌などを通してあいさつや簡単な英会話を覚えさせたり、簡単なスピーチをさせたりするのが主な内容になっている。

現状では、クラス担任の教師が授業を担当し、場合によってＡＬＴ（外国語指導助手）と呼ばれる外国人の助手などが授業のサポートをすることになっている。

しかし、あいさつ程度とはいえ、一般の小学校教師にきちんとした英語を教えるだけの英語力があるかどうか、現場では不安の声のほうが大きい。

それを助けるのがＡＬＴだが、ここでも問題がある。

ＡＬＴは、民間の業者が派遣する場合がほとんどだが、英語はできても教育のプロではないので、教え方が下手なことが多い。また、なかには小遣い稼ぎ程度の感覚しかない人もいて、何かトラブルがあると、すぐにやめてしまう。

ここが使える

都市部の豊かな学校なら優秀なALTを雇えるが、それでは学校間の格差が広がるばかりで、「学校間のばらつきをなくす」という、そもそもの目的が遂げられなくなる。

いずれにせよ、現場では、まだまだ混乱が続いているのが現状だ。

小学校での英語教育は本当に必要か?

小学校での英語の教え方や、小学校で英語を教えることそのものに対する批判もいまだに根強い。

コミュニケーションを重視するあまり、英語の基本構造をなおざりにするのはかえって逆効果だとする意見もある。細かい文法はともかく、冠詞の使い方などは早いうちに理解させないと、あとで修正がきかなくなり、早期教育の意味がなくなってしまう。

また、日本の場合、いくらグローバル化が進んでいるといっても、生活の中で英語が必要な人は、まだ少数派にすぎない。

そもそも語学は、必要がなければ身につかないと言われている。にもかかわらず、多くのコストをかけて、すべての小学生に英語を教えることが本当に意味のあることなのかという反対論もある。

さらに、本質的な問題として、まだ日本語の未熟な小学生に外国語を教えていいのか、ということがある。

ここが使える

人間は言葉によって考える。それは母語で考えるのであり、外国語をいくら覚えても考える力は育たない。小学生のうちは国語教育をきちんとして、国語力を身につけるほうが先決だ。そうして、思考力を身につけてから外国語を学習しても遅くはない。そういう考え方だ。

また、言葉は文化の基礎でもある。日本人は、日本語を通して日本の価値観を身につけ、日本人としてのアイデンティティを身につける。子どものうちから外国語を学び、日本語教育がおろそかになってしまうと、日本人としての価値観やアイデンティティがしっかりと身につかないまま大人になってしまう恐れもある。

もちろん、現状では、英語を教えるといっても週1回にすぎないので、たいした影響はない、という反論もある。

いずれにしても、言葉の教育は、心の教育にも関わることなので、「時代の流れだからこうすべき」というだけで片付けるわけにはいかないことも確かだろう。

12

中学校での武道の必修化

2012年度より、中学校において武道が必修化された。中学という義務教育期間に武道を教える目的は何かを考えることは、とりもなおさず義務教育の目的の根幹に関わる。このテーマを一度深く考えることで、義務教育のあり方を見つめ直しておいてほしい。

課題

2012年度より、中学校で武道が必修となった。ここでは、あなたが教員の立場に立って、武道を教えることになったとする。そのとき、武道によって中学生に何を伝えるか、あなたの考えを600字以内で書きなさい。

課題の解説

中学校の保健体育では、武道は従来、選択科目だった。

しかし、文部科学省が2008年改訂の新学習指導要領に武道の必修化を盛り込み、中学1～2年生の体育の授業で実施されることになった。

種目は、柔道、剣道、相撲が代表的だが、そのほか、地域や学校の実状に応じて、空手、少林寺拳法、弓道、なぎなた、合気道、銃剣道も選べるようになっている。ちなみに、同時にダンスも必修化されている。

この課題では、解答者が武道を教える教員の立場に立って答えることが条件となっている。そのうえで、武道によって何を伝えるか、何を生徒に教えるかが問われている。

イエスかノーかで答えにくい問題なので、第一段落でズバリ自分の考えを示したうえで、第二段落以降でそれを検証していくという論じ方にすると書きやすいだろう。

最初に示す自分の考えは、文部科学省が謳う目的をなぞらなくてもいい。自分が武道教育を通じてとくに何を伝えられるかを示し、あとの第三段落でそれが義務教育の目的に適うものであることを説明できればいいだろう。

意見としては、「現代生活では行わなくなった伝統的な所作や身体の使い方を教え、日本の文化を伝える」「もともとは争いの技術だった武道を学ぶことで、何が人を傷つけるのかを知り、人の痛みを想像できる力を養わせる」「地域の伝統芸能とのつながりを体験させ、地域文化への理解を深めさせる」などが考えられる。

なお、武道必修化はすでに実施されているため、武道必修化そのものを否定するようなことを書くべきではないだろう。

第二段落の「確かに」の部分では、武道を教える際の危険性にも十分配慮すべきことを書いて問題点を理解できていることを示すか、ほかの考え方もあることを示すなどして、教育に携わる者として慎重でバランスのとれた視野をアピールするといい。

解答例 1

伝統文化を身体を通して伝える

中学校で武道が必修化された。私が中学の教員として武道を教える立場に立ったなら、武道を通じて、日本人の伝統的な身体の所作を伝えていきたいと考える。

確かに、武道の技に触れることで、安全な社会の日常生活では感じられなくなった、どこまでなら相手を傷つけずにすむかといった限界を知ることもできるだろう。また、克己心といった精神性も身につけられるかもしれない。しかし、私はそれよりも、伝統的な身体所作を伝えることを重視したい。

現代社会は生活の洋式化が進み、いまでは畳の部屋のない家庭も増えた。裸足で過ごす時間も少なくなった。そうした生活形態の変化により、長年にわたって人々が行ってきた歴史的な身体の所作が急速に失われつつある。たとえば、正座や礼の仕方など、古来伝統の正式な礼法を生活の中で身につける機会がほとんどなくなっている。武道はそうした作法だけでなく、日本人の古来の生活習慣に適合した身体の使い方が技の中にも残っている。たとえ習慣としては失われても、日本人の教養として、誰もが体験しておくべきものを伝える方法として、武道は活用できると私は考える。

以上のように、私は武道によって、いまや失われつつある日本人古来の身体文化を後世に伝える教育を行いたい。

解答例 2

人の痛みへの想像力を養う

中学校で武道が必修化された。私が中学の教員として武道を教える立場に立ったなら、人の痛みを知る心を伝えていきたいと考える。

確かに、武道には危険が伴う。もともと人を殺傷する技を追究していた集大成が武術であり、それが武道のもとになっている。したがって、武道は危険が伴うものだという点には十分配慮し、万が一にも事故が起こらないようにしなくてはならない。しかし、裏を返せば、武道教育は人の痛みを感じる想像力を養う方法にもなるはずだ。

いまの世の中は争いごとを避け、危険なものをとにかく身のまわりから排除する。そのために、かえって何が危険なのか、どこまでが安全な範囲なのかという、危険と安全の境目がわからなくなっている。そのために、どこまでが人を傷つけない範囲なのかを想像できなくなり、人の痛みを感じる能力も弱まる結果になっていると思われる。そう考えると、武道の技をお互いに掛け合い、危険すれすれの感覚を身をもって体験することが、いまの人々のあいだでなくなりつつある重要な感覚を呼び戻すきっかけになるだろう。それには、もちろん指導者が、どこまでなら安全かをよく知って、十分な目配りと適切な指導を行うことが必要である。

このように、武道教育によって人の痛みを感じる想像力を培う教育を、私は行いたい。

中学校での武道の必修化

理解のポイント

中学における武道必修化の目的は？

２０１２年度より、中学校において武道が必修化された。

文部科学省によれば、「武道は、武技、武術などから発生したわが国固有の文化であり、相手の動きに応じて、基本動作や基本となる技を身につけ、相手を攻撃したり相手の技を防御したりすることによって、勝敗を競い合う楽しさや喜びを味わうことができる運動」であり、「武道に積極的に取り組むことを通して、武道の伝統的な考え方を理解し、相手を尊重して練習や試合ができるようにすることを重視する運動」とされている。

そのうえで、武道教育の目的として、（ここが使える）**「相手を尊重すること」「健康や安全への配慮」「礼に代表される伝統的な考え方の理解」**などがあげられている。また、**武道を通して、子どもたちが日本固有の伝統や文化に触れることも期待されている。**

（ここが使える）**武道はもともとたんなるスポーツではなく、伝統や礼儀を重んじ、精神修養のための教**

育的な効用があるとされている。そのため、社会教育の手段として、広く学校以外でも教えられてきた。

今回の必修化も、そういった流れの延長上にあると考えられる。

現場ではどんな授業が行われ、どんな問題が起こっているか？

導入される代表的な種目は、柔道、剣道、相撲だ。

そのうち、剣道は体育館でできる反面、防具や竹刀といった用具をそろえるのが難しい。また、相撲はシンプルだが、女子生徒にさせるのには抵抗があったり、基本をしっかり指導できる経験者が少ないという欠点がある。

柔道ならば、畳の柔道場がなくても、体育館の床に格闘技用のマットを敷くだけでも代用できるし、柔道着も学校正課用は比較的安価に入手できる。そこで、柔道を選択する学校が多くを占める。

しかし、なかには、ゆかりの地の近くであるという地域性や、教員に得意な者がいるといった理由から、弓道、合気道、少林寺拳法などを採用する学校もある。

ただ、いずれにせよ、**体育教員が各武道に熟達しているケースは少なく、指導に難しさ**

ここが使える

を感じている学校も多い。

外部の指導者を招いて指導に当たってもらうことができれば、指導上の問題は減るが、その場合でも法により、現場には必ず教員免許をもった教員がいて、その教員の監督・指導の下での教育がなされなくてはならない。そうなると、実際に指導する指導者と名目上の指導をする教員との連携が不十分だと、授業がうまくいかなくなる恐れもある。

ここが使える

武道教育に対する賛成意見、反対意見

武道教育に対しては、思想上の問題点も指摘されている。おおよそ次のような考えだ。

伝統文化を知るという効果は確かにあるものの、それなら茶道や能・歌舞伎・神楽などでもかまわないはずだ。それがなぜ武道なのか。

ここが使える

武道は、戦前の一時期、軍国主義の高揚のために利用されたという歴史がある。そのため、ダンスの必修化と組み合わせることで印象をやわらげてはいるが、武道の必修化は、右傾化、軍国主義的な価値観の復活につながるのではないか。

そうした批判を受けても仕方のない面は確かにあるだろう。実際、戦後の一時期、武道は軍国主義につながるという理由でＧＨＱにより禁止されていた。

しかし、その後、**武道が復権する過程で、古来の文化や作法の次世代への伝承などといった新しい意義を獲得してきたことも見逃せない。**

ここが使える

また、武道は日本の文化として海外で人気が高い。たとえば、柔道は、日本よりもフランスのほうが競技人口が多い。

ここが使える

国際化が進む現代で、海外で人気の高い日本文化を日本人自身が知らないようでは困るだろう。武道を義務教育で必修化し、日本の子どもたちが一度は触れておくことには、そういった意義もある。

どう安全性を確保するかは大きな課題

ここが使える

中学校の武道必修化で、もうひとつ大きな問題がある。それは武道の危険性だ。

武道必修化が実施に移される前後、マスコミが多く取り上げた問題がこれだ。

武道は元来、人を殺傷する技術だ。その技も本来、人を傷つけるためのものだ。

したがって、そうした危険な技を安全に教えられるのかどうかという矛盾がある。たとえば、柔道では投げ技で頭を打ち付ける事故が多発していたことが明るみに出た。

ここが使える

これを受けて、教授内容の見直しも行われたが、**十分な経験がある教師ばかりではない**

うえに、ケガを防止するための受身などの練習を十分にやる時間があるのかといった問題もある。

ここが使える

それに、体育は、武道ばかりを教えるのではない。武道への少ない割り当て時間で、はたして基本を十分にこなしたあと、武道の技の意義を感じ取れるところまで教えられるのか、その点も疑問が残る。

まだ始まったばかり

さまざまな問題を抱えながらスタートした中学校の武道必修化だが、現場では安全を第一に考えて授業が行われている。教員の経験不足もスタート時点でこれだけ指摘されれば、指導の方法論が真剣に考えられ、早い段階で確立されることも期待できる。

ここが使える

まだ始まったばかりの中学校における武道教育だが、武道にとどまらず、日本人の日常生活の中から失われかけているものに生徒たちが目を向けるきっかけとなれば、それだけでも十分に武道教育の意義は果たせるとも考えられる。

中学校の武道必修化が実際にどのような効果を生み出すのか、今後も注目していく必要があるだろう。

13 歴史教育の問題

歴史教育の目的とは何か、どういったことを教えるか、その立場によって学校教育の目的は大きく異なる。歴史教育のあり方というテーマも、教育問題を考えるうえでは避けて通ることはできないものなので、問題点を整理して自分の考えをまとめておくといいだろう。

課題

歴史教育、とくに近現代史の教育が手薄になることが、いま問題になっています。そのため、古代から中世、近世の歴史は駆け足で進んでも、近現代史は時間をかけてしっかりと教えるほうがいい、という意見もあります。

この問題について、あなたの考えを600字以内でまとめなさい。

課題の解説

課題は、近現代史の教育が手薄になっていることを問題にしている。

設問では、近代以前の歴史は駆け足で進んでも、近現代史は時間をかけてしっかりと教えるほうがいいという意見もあることを紹介したうえで、この問題について考えることが求められている。

もちろん、ストレートに、近代以前の歴史よりも近現代史をもっとしっかり教えるべきかどうかを問題提起すればいい。

歴史教育に手薄な部分があるというのだから、この問いにノーでは答えにくい。しかし、すんなりイエスで答えてしまっては、論は深まらない。考えにくいが、ノーの立場もしっかり考えてこそ、論は深まる。イエス・ノー両面を考えることができれば、どちらの立場でも、自分が説得力のあると思うほうで論じればいいだろう。

では、ノーの立場から考えると、どうなるか。

近現代史は、昔の時代に比べて情報も多く、変化の度合いも激しい。したがって、しっかり教えようとしても、一度に全員に理解させるのは難しい。

近現代史は、最後に大まかに触れるだけにして、古代からの歴史の大きな流れや歴史の見方をつかませることを優先する。そのうえで、近現代史は個々が学ぶ必要性を感じたところから自分で学べるような道筋をつけるだけでいい。このように考えることができる。

そもそも、近現代史は現代に近いので、さまざまな立場の生徒に対して公平に客観的に教えるのが難しいという理由も考えられる。

一方、イエスの立場では、どうなるか。

近現代史を学んでこそ、いまの社会の成り立ちや世界情勢を理解することができる。ここに力を注ぐことが、古代史や中世を学ぶよりも生徒にとって役に立つ勉強になる。こうした考え方ができるだろう。

解答例 1

【賛成】現代社会への理解を深めることが重要

近現代史の教育が手薄になっているのが問題視されている。それに対しては、古代から中世、近世の歴史は駆け足で進んでも、近現代史をしっかりと教えるべきだという意見が出ている。はたして、それは好ましいのだろうか。

確かに、近現代史は教室でしっかり教えるよりも、どちらかというと個々人の関心にまかせて自分で学ばせるほうがいいという考え方もできる。歴史教育とは、歴史の見方や考え方を学ぶものであって、何があったかを一律に教えるものではないからだ。しかし、近現代史の教育は、しっかり行うほうがいい。

歴史の見方、考え方を身につけさせるのは、古代から順を追って一通りの歴史を振り返らなくてもできることだ。何より、近現代史は現代社会のあり方や現代の世界情勢に直接関わる時代だ。ここをしっかり学ぶことで、現代社会への理解を深め、さまざまな社会問題に対しても、何が問題なのかを的確に理解できるようになる。そうして、将来、生徒たちが社会に出たときに、社会的に物事を考えることができるようになる。

したがって、私も、古代から中世、近世の歴史は駆け足で進んでも、近現代史をしっかり教えるべきだと考える。

解答例 2

【反対】基盤がなければ近代史の理解も半減する

歴史教育、とくに近現代史の教育が手薄なのが、いま問題になっている。そのため、古代から中世、近世の歴史は駆け足で進んでも、近現代史は時間をかけてしっかり教えるほうがいいという意見も聞かれる。では、はたしてこの意見は好ましいのだろうか。

確かに、近現代史は、いまの社会に直結する時代なので、学ぶ意義はある。そこでどのようなことが起き、どんな流れで現代に至ったのかを知ることは、現代社会への理解を深めてくれるだろう。しかし、近代以前の歴史を駆け足ですませてまで、近現代史だけを時間をかけてしっかり教える必要はない。

古代から中世、近世の歴史を追っておくことは、自国や世界各国、地域の起源や文化の伝統と変化を知るうえで重要な意味をもつ。そこを学ぶことで、自国の国民としてのアイデンティティが得られ、異文化への理解も進む。そのような基盤がなければ、近現代史も理解の度合いが半減してしまうだろう。歴史の流れを追うことで身につけた歴史の見方、考え方があれば、近現代史は大まかに見ておく程度でも、いまの世の中に近いだけに想像もつきやすく、個々人が自分で学ぶことができるはずだ。

したがって、古代から中世、近世の歴史を駆け足で進んでまで、近現代史に時間をかける必要はないと考える。

歴史教育の問題

理解のポイント

歴史教科書問題の何が問題か?

近年、歴史教育の問題点が最も典型的にあらわれているのがいわゆる歴史教科書問題だ。

１９８２年、戦時中の日本軍の行動を扱った教科書の記述の中で、「日本軍が中国を『侵略』」という表現が、検定で「中国に『進出』」と直されたと報じられた（この報道自体は誤報）ために、中国政府から抗議され、国際問題化した。「侵略」を「進出」と言い換えることで、日本政府は過去の植民地支配の歴史を否定しようとしているというわけだ。

これ以降、日本の歴史教科書の記述をめぐって、しばしば中国や韓国から批判され、問題になってきた。とりわけ、２００１年、「新しい歴史教科書をつくる会」が、戦時中の日本の植民地支配などを正当化するような教科書をつくったときには、国内外からの批判にさらされ、大きな問題となった。

ここが使える

これら歴史教科書問題の根底にあるのは、歴史をどう見るかという歴史認識の違いだ。

たとえば、戦時中の日本軍の行動を「侵略」と見るか、英米やソ連への「自衛」のための行動と見るかによって、戦時中の歴史の記述はまったく違ってくる。そして、各国の立場や、また同じ国の中でも政治的立場や価値観の違いによって、歴史認識は大きく異なる。そうした歴史認識の隔たりは、しばしば国家間やグループ間の深刻な対立を招く。

歴史教科書問題は、政治的立場や価値観の違いによって歴史認識に大きな隔たりがあることを浮き彫りにしている。

そして、それは歴史教育のあり方そのものが抱える根本的な矛盾でもある。

歴史という特殊な科目の難しさ

歴史という科目は、英語や数学などほかの科目と違って、特定の政治的・思想的な考え方と結びつきやすい。それは、先に述べたように、歴史の見方が政治的立場や価値観によって、どうしても違ってくるからだ。

過去の出来事を時系列で書き並べただけでは、歴史にはならない。膨大な過去の出来事の中からどれを選び、そして出来事と出来事のあいだにどのような因果関係を持ち込むかで、歴史の見え方はまったく違ってくる。

たとえば、古代中国では、政権が変わるたびに新しい歴史書がつくられた。歴史書を都合よく編集し、自分たちの政権が歴史的に正統であることをアピールしようとしたわけだ。

ここが使える

このように、**歴史はしばしば、時の権力者によって都合のいいように改変されてきた。**

ここが使える

現在でも、歴史教育に、時の政府や権力者の意向が反映させられる危険は常にある。

ここが使える

とはいえ、**完全に客観的で中立的な歴史というのはもともとあり得ない。同じ事実でさえ、立場によって別の見方がされ、別の歴史へと組み入れられてしまう**からだ。

なんとか特定の価値観に偏らない、バランスのとれた歴史の見方を模索するしかない。

戦前、戦後で歴史教育はどう変化したか?

ここが使える

戦前の日本では、国家主義的な歴史教育が行われてきた。**当時の政府は、国家を統合し、近代化を進めるために、民衆に日本国民としてのアイデンティティを与え、国家意識を高める必要があった。そのために、歴史教育は格好の手段と考えられた**わけだ。

たとえば、古事記や日本書紀の記述の多くは神話的な内容だが、当時の歴史教科書では、それらを歴史的事実として扱い、天皇の権威を正当化した。天皇の存在を中心に日本の歴史を捉えるこうした見方は「皇国史観」と呼ばれ、当時の日本人の国家意識を確立する役目を果たしたと言える。

戦後、国家主義的な歴史教育に対する反省から、できるだけ客観的で科学的な歴史記述を重視する方向へと変わった。

ここが使える

客観的な歴史的事実だけを淡々と教え、特定の価値観を押しつけないようにしたわけだが、それが受験中心の教育方針と結びつき、歴史がたんに年号などを詰め込むだけの暗記科目になってしまっていることは否定できない。

また、戦後の歴史教育が、実際には「自虐史観」と呼ばれる特定の歴史観にもとづいて偏った歴史を教えてきた、という批判も出てきた。

ここが使える

「自虐史観」とは戦前の日本を全否定し、日本の歴史の負の側面ばかり強調する考え方で、そのために現代の日本人が自国に自信のもてない国民になってしまったというわけだ。

もちろん、そうした「自虐史観」批判そのものが、戦前の日本を無条件に肯定する偏った歴史観の産物だとする反批判もある。いずれにせよ、近年になって、戦後日本の歴史教育のあり方が根本的に問い直されていることは間違いない。

さまざま歴史、さまざまな歴史観を教えることにも問題はある

これまで述べてきたことからもわかるように、歴史はひとつだけではない。立場や価値

観の違いによって、複数の歴史があり得る。

当然、立場や価値観が違えば、歴史として教えられる内容も異なってくる。国の方針が変われば、歴史の内容が変わる可能性がある。それに、ここが使える **教える教師にも、自分なりの価値観、歴史観があるので、教師によって教える歴史が少しずつ違うこともあり得る。**

ここが使える **いま最も問題視されているのが、一定の価値観にもとづく歴史だけを教えることだ。まだ知識の少ない生徒に対してこれを行うことは、洗脳教育に近いとさえ言える。**

そこで考えられているのが、さまざまな立場の歴史観を紹介し、複数の歴史を教えることだ。そのようにして、ここが使える **生徒個々人が歴史を相対化して眺めることができるようにし、あとは自分の歴史観を築くのにまかせよう**というものだ。

しかし、この教え方にも問題点はある。ここが使える **まだ知識も少なく、判断力も伴わない生徒に複数の歴史観を教えると、かえって混乱を招く恐れがある。** 暗記教育に慣れた生徒は、確固とした歴史が教えられないとなると、教師への信頼を失い、ひいては教育そのものへの信頼を失うのではないかという懸念もある。

歴史をいかに解釈し、教えるかについては、まだ模索が続きそうだ。

14 理数離れの問題

日本は技術立国として、長らく経済成長を遂げてきた。その産業構造は、いまでも基本的には変わらない。しかし近年、若者の理数離れが進み、技術立国をこのまま維持できるのかが懸念されている。どうすれば理数離れを食い止められるのか。このテーマも重要な教育の問題だ。

課題

次の文章には、「団塊の世代」と呼ばれるシニア世代の思いがつづられています。この文章を読み、その主張を踏まえたうえで、今後の社会を支えるような理科教育で最も大切なことは何かについて、あなたの意見を６００字以内で書きなさい。


それは懐かしくも不思議な光景だった。

たまの休みにショッピングセンターに行ったときのことだ。

即席の催し物会場の周囲に、子どもたちが群がり歓声を上げている。見ると壇上には、白衣を着た人物が子どもたちに語りかけながら、手品のような何かをしている。

思わず立ち止まり、私も子どもたちの後ろから壇上に注目した。

水面に光を当てて、その光を反射させてスクリーンにきれいな模様を描き出していた。

続いて、ろうそくの炎を、音を使って消す実験。

そう、私も子どものころに胸をわくわくさせて行ったような実験を、音楽や効果音などの演出も交えながら、楽しいトークのような説明で披露している。

懐かしさを覚えるとともに感心もした。

「同じ実験でも、こうまで楽しく見せることができるとは」

理数離れという現象を新聞で読んだことがある。最近の若者や子どもたちのあいだで、理数系の科目への興味や関心が薄れているということだ。これはわが国に限らず、先進国に共通する現象で、各国ともその対策に頭を悩ませているともあった。

私たちのような20世紀の申し子の世代は、科学技術に未来を感じ、科学技術で産業を発展させてよりよい社会をつくろうとした。科学技術への関心も、不思議な現象を実験で確かめ、その仕組みを調べたり考えたり、また身のまわりの機械や物の仕組みを知ろうとした好奇心から出発したものだ。それが、いまの子どもたちは、科学への関心、理数系への関心が弱まっている。新聞記事を読んで、この国の行く末に一抹の不安を感じた。

しかし、そんな心配も、この日の出来事ですっかり消し飛んだ。

目の前には、かつての私たちと同じように、科学の実験を楽しむ子どもたちの姿があったからだ。この好奇心と喜びを子どもたちが感じているならば、理数離れはやがて解消する。心配は無用だ。

課題の解説

かつての高度経済成長を支え、科学技術で産業を発展させたシニア世代のつづった文章を読んで、その主旨を踏まえたうえで、理科の教育で大切なことは何かを考える問題だ。

課題文そのものはやさしい。まとめると次のようになる。

「いまは理数離れが進んでいるという。このままでは産業の基盤となる科学技術への関心が若い世代から薄れ、国が衰えてしまうと心配になった。しかし、科学の実験を見る子どもたちの好奇心は、昔の子どもと同じだ。こうした好奇心がある限り、心配は要らない」

設問に沿って読み直せば、「理数離れという現象も、科学への好奇心を子どもたちが失わなければ、やがて解消する。今後の社会を支えるような理科教育でいちばん重要なのは好奇心をかきたてることだ」というのが、筆者の主旨となる。

この筆者の主旨にイエスかノーかを考えるのが、最もいい解答の仕方だ。

イエスの立場としては、筆者の主旨をなぞるだけでは不十分で、なぜ好奇心が重要なのか、筆者が説明していない部分を、自分なりに補強する必要があるだろう。

「理科という科目は現象の背後に疑問をもち、その仕組みを解明する喜びと楽しみが基本だ。それがいままで解けなかった現象の謎を解いたり、新しいものを開発する動機につながっていく。そのようにして、科学は発展し、科学を基盤とした産業は発展していく。そのためには、まず好奇心をもってもらえるような体験をさせるのがいい」といったことを述べればいい。そして、せっかくの好奇心を、理科という教科への関心に結びつけられない教育のあり方の問題点を考えてみるといい。

ノーの立場としては、実験を楽しんでも、理科の勉強に力を入れる動機には結びつかないことを説明すればいいだろう。

かつてのように、理科の実験で解明した現象の仕組みから発展させて、新しいものを生み出すには、あまりに科学技術が高度化してしまっている。つまり、理科の実験に興味をもっても、それが現代の科学技術を学ぶきっかけになりにくいという現実がある。

そのため、理科の実験は手品のように娯楽として消費されるだけで、子どもの年齢が高くなり、実際に社会で役に立つかどうかが関心事になるにつれて、理科への関心も低くなってしまうわけだ。

ほかには、もっと現実味のある社会問題と直接つながりのある話題、たとえば環境分野の話などから理科への関心を引き出すべきだといった意見も考えられる。

解答例 1

【賛成】まずは好奇心をもてる体験をするのが大切

課題文の筆者は、理科の実験を楽しむ子どもたちの姿を見て、理数離れという現象も、好奇心を子どもたちが失わなければ、やがて解消するだろうと述べている。すなわち、筆者は、今後の社会を支えるような理科教育で最も重要なのは、好奇心をかきたてることだと考えている。はたして、本当にそうなのだろうか。論じてみたい。

確かに、実験を楽しむ子どもは、実験を手品と同じように楽しんでいるだけだとも考えられる。実際、実験は楽しめても、いざ理科の教科書を開いたとたんにうんざりするという子どもも少なくはないだろう。しかし、理科の教育で最も重要なのは、やはり好奇心をかきたてることだと思う。

理科という科目は現象の背後に疑問をもち、その仕組みを解明する喜びと楽しみが基本だ。それがいままで解けなかった現象の謎を解いたり、新しいものを開発する動機につながっていく。そのためには、まず好奇心をもってもらえるような体験をさせるのがいい。理科の教科書がつまらないものに感じられるのは、テストの点数を上げるための暗記教育に原因がある。もっと、子どもたちの好奇心を刺激する謎解きの攻略本のように教科書を扱い、暗記中心のテストではなく、平常点で成績をつけるなどしてはどうだろうか。

以上、私は、筆者と同じように、理科教育では好奇心が最も大切だと考える。

解答例 2

【反対】社会問題とのつながりを実感させるほうが重要

課題文を読むと、「理数離れという現象も、科学への好奇心を子どもたちが失わなければ、やがて解消するものであり、理科の教育で最も重要なのは好奇心をかきたてることだ」と筆者が考えていることがわかる。では、本当に今後の社会を支えるような理科教育で大切なのは、好奇心をかきたてることなのだろうか。

確かに、子どものうちは好奇心をかきたてることに一定の効果はあるだろう。楽しめる要素がなく、ただ覚えたり考えたりするだけのつまらない勉強では、理科嫌いを増やすだけだからだ。しかし、理科教育で最も大切なのは、好奇心ではない。

理科離れの最も大きな原因は、科学技術が高度化して、理科の実験学習でかきたてられたような好奇心を、そのまま実社会に振り向けにくいことにある。子どもたちも成長するにつれて、学んでいることが実社会でどのように役立つかが大きな関心事となる。それならば、もっと実社会とのつながりが感じられる分野を手がかりにすべきだ。たとえば、環境破壊をどう食い止めるか、エネルギー問題をどう考えるかといった社会問題が、理科で学ぶ内容といかにつながっているかを説明するなどのやり方が考えられる。

したがって、今後の社会を支えるような理科学習で大切なのは、好奇心をかきたてることではない。それよりも、社会問題とのつながりを実感させることが大切だ。

理数離れの問題

理解のポイント

理数離れとは？

ここが使える

理数離れとは、大学進学時に理数系を選択する若者が減った現象を指す。理科や数学の学力自体の低下を指すのではない点に注意が必要だ。

理数系の学力自体は、日本のレベルは世界から見れば依然として高い水準にあると言っていい。しかし、

ここが使える

学力はあっても、将来の進路として理数系を選ぶ人の割合が減っている。そのことが理数離れの問題点だ。

理数離れの原因はゆとり教育か？

理数離れの原因としてよく言われるのが、いわゆる「ゆとり教育」だ。つまり、ゆとり教育で理数系の学習内容が削減されたために、生徒が理科や数学への関心をもてなくなった、というわけだ。

しかし、これには疑問が残る。

確かに、ゆとり教育の行われていた期間に実施された国際的な学力調査では、日本の生徒の理数系の学力は、昔に比べれば低下した。しかし、学力が低下したのは、理数系の分野ばかりではない。文系の分野でも学力が低下している。

ここが使える

つまり、**文系か理数系かにかかわらず、ゆとり教育が学力低下を引き起こしたとは言えるかもしれないが、だからといって、ゆとり教育がとくに理数離れの進んでいる原因とは考えにくい**わけだ。

理数離れの原因

では、いったい何が原因なのだろうか。

可能性が高いのは、理数系の学習が社会でどう役に立つのかが見えにくくなったことだ。

ここが使える

高度技術社会の発展により、理数系の科目で学ぶ内容が、実際にどのように科学技術に生かされているのかが見えにくくなっている。

かつてのように、機械を自分で修理したり、日常使うものを自分でこしらえたりすることがなくなり、ブラックボックス化した便利な製品を使うだけの生活になった。その結果、子どもたちは理数系の科目とそれらの技術とのつながりを実感しにくくなっている。

そのために、理数系の学習に興味がもてなくなったわけだ。このことは、科学技術の高度化した先進国では共通する悩みのようだ。

それから、日本の特殊な事情もある。

ここが使える

理数系出身の技術者が企業のトップに上りつめる割合が他国に比べて低く、また企業内で業績を上げても、他国に比べると高い収入には結びつかない。

いまのような不況では、理数系の就職率は相対的にいいので、理数系を選択する学生はやや増えてきてはいる。しかし、グローバル市場での日本メーカーの苦戦を見ていると、長期的には、理数系が魅力ある進路とは思えないという現状もある。

そのため、海外に活躍の場を求める一部の学生を除けば、国内では、いまだ理数離れが改善される兆しは見られない。

ここが使える

ほかには、**科学技術に対する印象が悪くなっている**という点も指摘できる。

最近では原子力発電所の事故など、科学者の社会的責任が問われる事件が大きく報道された。

そうなると、あえて理数系に進みたいという強い動機がなければ、理数系を選びにくくなるというのも、多くの学生の正直な気持ちだろう。

それでも高まる理数系への期待

理数離れをもたらす条件がそろっていても、今後も日本が科学技術で産業を興し、世界に貢献していくには、理数系の人材はなくてはならない。**社会での理数系の必要性をいかに子どもたちや学生に知ってもらうかが、理数離れを解決する鍵になる。**

ここが使える

世界的な環境問題を解決する研究や海洋開発、資源開発など、実感として必要性を感じてもらえる分野は多い。それらをうまく伝えることが肝心だ。

ここが使える

もちろん、**必要性を言って使命感に訴えるのみでは、持続性のある動機にはなりにくい。純粋な知的好奇心や問題を解決する喜びといった要素も軽視してはならない**だろう。

15 幼児教育の問題

義務教育の小学校に就学する前の子どもたちの教育も、大きなテーマだ。子どもたちの人格形成の礎となる時期だけに、この時期の教育のあり方の変化は、今後の学校教育だけでなく、社会全体での子どもたちの教育のあり方にも影響を与える。一通り知っておくといいだろう。

課題

幼児教育は従来、幼稚園と保育園でその役割がまったく違った。幼稚園は学校の一種であり知能教育の場、保育園は養護と発達教育の場だった。ところが、現在、幼稚園と保育園に分かれていた幼児教育を一体化しようとする動きが出ている。この動きについてあなたが考えることを600字以内で書きなさい。

課題の解説

課題で問われているのは、最近始まった幼稚園と保育園の一体化の動きについてだ。そのような動きによって両者が一体化した施設を「認定こども園」と呼ぶ。

課題では、そのような幼児教育の一体化の動きについて考えることが求められている。これに対しては、この動きが本当に好ましいかどうかを問題提起すればいいだろう。

イエス・ノーを考える前に、まずは一体化の背景を頭に入れておく必要がある。

「理解のポイント」で詳しく説明するとおり、幼稚園と保育園は、もともとは別の目的をもつ別の組織だった。幼稚園は「学校」のひとつと見なされ、知能教育をする機関であるのに対して、保育園は、厚生労働省児童家庭局が管轄する「児童福祉施設」であって、児童の養護、すなわち生活の支援や、健やかな心身の成長を支援するための場だった。

こうした本来異なる両者を一体化しようという動きには、いくつかの背景がある。

少子化で子どもの数が減ったので、両者が同じ地域に並立できなくなってきた。逆に、都市部では、保育園の不足から保育園に入れない、いわゆる待機児童が増えて問題となっている。また、子育てに不安を感じる保護者が増え、支援が必要となっている。

一体化のメリットとしては、幼児の教育環境の充実があげられるだろう。

保育園と幼稚園が一体化して、同じ場で教育が受けられるようになれば、保育園の教育と幼稚園の教育とのギャップもなくなって、一貫した幼児教育が期待できる。また、これまでは、保護者の仕事の都合で、幼稚園で知能教育を受けさせたくても保育園に預けるしかなかった子どもにも、知能教育を受ける機会が与えられる。

デメリットとしては、一体化することで、個々の幼児の発達段階に応じてきめ細かい対応ができなくなることが考えられる。幼児の発達段階には、個人差が大きい。まだ知能教育の段階に達していない幼児に幼稚園の教育を受けさせても、かえってマイナスになる恐れもあるはずだ。

解答例 1

【賛成】心身と知能のバランスのとれた成長につながる

従来、幼稚園と保育園とは、まったく別の目的で設置されていた。ところが現在、2つに分かれていた幼児教育を一体化しようとする動きが出ている。では、それらを一体化しようとする動きは、はたして本当に好ましいものだろうか。考えてみたい。

確かに、いままでまったく異なる目的で運営されてきたものを一体化するのには無理もあるだろう。幼児への関わり方の手法も異なる組織同士がうまく連携して、幼児にとって安定した環境が提供できるのか不安も残る。しかし、幼稚園と保育園の一体化は、望ましい幼児教育への一歩となるだろう。

幼児は生活のスタイルもまだ確立されておらず、環境への適応の仕方も未分化な状態だ。そうした状態において、養護は保育園で、知能教育は幼稚園で、という使い分けは、幼児の全人格における成長にとって、どうしても偏りがあったと思われる。なるべくなら、同じ場で養護と知能教育とが行われるほうが、幼児の心身と知能のバランスのとれた成長にとってプラスになると考えることができる。

以上のように、私は、幼稚園と保育園の一体化は、幼児にとって好ましい環境を実現する一歩になると考える。

解答例 2

【反対】個々の幼児に応じた教育がより困難に

いま幼稚園と保育園の一体化の動きが進んでいる。両者はこれまで別々の目的で運営されてきたが、この一体化の動きによって大きな問題を生むことなく、好ましい結果をもたらすのか。考えてみたい。

確かに、幼稚園と保育園の一体化には好ましい効果も期待できる。両者はそれぞれ、知能教育、養護と発達支援の教育と、別々の役割を担ってきたが、お互いになかったものが補い合えることで、幼児は同じ場で満遍なく教育が受けられる。しかし、この一体化の動きには、大きな問題点があると考える。

なぜなら、一体化によって恩恵を受けられる幼児ばかりではないからだ。親によっては、「保育園部門の教育は要らない」あるいは「幼稚園部門の教育は要らない」という人もいるだろう。そうした親の考えだけでなく、幼児の発達段階には個人差が大きい。３歳以上であっても、発達の遅い子どもに対して知能教育が行われるのは、適切な教育とは言えない。かといって、保育園だけの教育に限定すれば、ほかの子どもとのあいだに教育サービスの差が生まれてしまう。このように、幼稚園と保育園を一体化すると、個々のケースに応じた教育の実現は、かえって難しくなってしまう。

以上のように考えると、幼稚園と保育園の一体化の動きは、好ましいとは言えない。

幼児教育の問題

理解のポイント

幼稚園と保育園の違いは？

幼稚園と保育園は、従来、まったく異なる機関だった。

ここが使える
幼稚園は学校教育法に定められた教育機関で、学校教育の一環として文部科学省が管轄し、3歳以上の子どもが対象となっている。**保育園は、正式には保育所といい、児童福祉法によって定められ、厚生労働省児童家庭局が管轄する「児童福祉施設」**だ。

ここが使える
目的も、幼稚園が学校教育と同じように知能教育であるのに対して、保育園は児童の養護、すなわち生活の支援や、健やかな心身の成長を支援するための教育だ。

ほかにも、**幼稚園教諭と保育士とでは、教育課程や資格取得に大きな違いがある。**

幼児教育の2つの柱

先に見たように、幼稚園と保育園（保育所）とでは、その役割が大きく異なる。それら異なる2つの教育が、幼児教育の2つの柱となる。

ここが使える

幼児教育という場合、まず重要なのは、生活の面倒を見る養護と、心身の発達を支援する教育を担う保育園の機能だ。

これは昔なら家庭が担ってきた役割で、そもそも保育園は、保護者の仕事の都合で家庭がその役割を十分に果たせない場合に、家庭に成り代わるものだった。

それに対して、幼稚園は、あくまでもこのような養護と発達支援の教育をベースとして、そのうえで3歳以降の幼児に学校教育と同じような知能教育を行うのが役割だった。

ここが使える

したがって、**保育園の教育は誰かが必ず担わなくてはならないものであるのに対して、幼稚園の教育はあくまで保護者の希望による任意のものだ。そのため、従来は、保育園の教育のほうが優先されるべきだと考えられていた。**

ここが使える

しかし、**近年の幼児期からの早期知能教育・才能開発への関心の高まりによって、保育園に通う幼児に対しても「幼稚園と同じ教育を受けさせたい」と思う保護者が多くなった。**

そのため、幼稚園の教育も、幼児教育のもうひとつの柱として、保育園の教育と肩を並べるほど重要性をもつようになった。

ここが使える

また、**共働きの家庭や母子家庭、父子家庭が増えたり、子育て不安から育児放棄をする**

保護者も増えてきたことなどによって、保育園の教育へのニーズも増大した。

これらが、幼児教育の2本の柱を一体化しようという動きを生んだ背景だ。

ここが使える

「認定こども園」とは？

幼稚園と保育園を一体化し、なおかつ地域における子育て支援の機能をもった施設を「認定こども園」という。これは**都道府県知事が認定するもので、幼児教育の2つの柱を一本化し、総合的な幼児教育の場として新たに打ち出された制度**だ。

いままでも幼稚園の多くで、共働きの家庭の子どもに対して終業時間後に預かり保育が行われていたが、認定こども園はその延長ではなく、まったく別の制度である。

ここが使える

難しさを増す保護者の子育て環境

幼児教育を考えるうえで見過ごせないのは、子どもをもつ親の子育て環境の変化だ。

かつての日本は大家族で、三世代が同じ家に住み、兄弟姉妹も多く、歳の離れた兄弟姉妹も普通だった。そういった環境では、子をもつ親、とくに母親は子育ての役割を背負っていたとはいえ、かなり救いもあった。

まず、子育てのベテランである親が一緒にいること。子育てに迷ったときには経験にもとづくアドバイスをしてもらえるし、何より子育てのベテランが傍にいてくれるだけで安心できたはずだ。また、親（子どもにとっての祖父母）が子どもの面倒を見たり、歳の離れた兄姉が幼い弟妹の面倒を見ることもあっただろう。

しかし、核家族化が進むと、母親が家にこもって子育てにかかりきりになり、孤立感を深めていった。一方で情報化が進んだことで、子育ての情報がどんどん入るようになり母親はすべてを完璧にこなさなければと負担感がふくれ上がった。

ここが使える

このように、**子育てをめぐる状況は、悪化の一途をたどっている**。

さらに、女性の社会進出や離婚の増加といった要因も、背景としてあげられる。

働く女性にとって、子育て期間中はキャリアの中断になるので、子育て後に仕事に復帰できるかどうかの不安を抱えて子育てをすることになる。また、離婚のために経済的に苦しくなれば、仕事をしながら子育てをしなくてはならない。このようなケースが増えるにつれて、子育てによる精神的な圧迫感も増大した。

そんな状況で、ついには育児放棄という最悪の結果を招くケースも増えてしまった。

ここが使える

こうして、**幼児教育の問題は、幼児本人に対する教育だけではなく、保護者の子育て支**

援や育児教育も視野に入れなくてはならなくなったわけだ。

どんどん低年齢化していく幼児の知能教育

子どもの習い事がブームになっている。「優れた才能はなるべく早いうちに発見し、大事に育てよう」という認識が一般化したためだ。

ここが使える

その影響で、**知能教育の開始年齢が、どんどん低年齢化する傾向にある。**たとえば、英語学習を幼児のうちから始めさせるのも珍しくなくなった。

スポーツ選手や音楽家を見ると、かなり幼いうちからその道で練習に励んでいた人ばかりになってきている。もちろん、そうした優れた才能は早くに見出せれば、その分、伸びも大きいのだろう。また、親が自分の子どもの才能に期待を寄せるのももっともだ。

しかし、お受験ブームに典型的に見られるように、幼児のうちから一生を左右するような試練の場に立たせるのはよくないという意見もある。幼児のうちは、知能教育はほどほどにして、もっとのんびりとした時間を過ごさせるほうが子どものためになるというわけだ。

ここが使える

幼児に対する早期知能教育は、賛否両論あることを念頭に、本当に子どものためになるのか、個々の性格や発達段階などをよく見極めながら判断する必要がある。

16 大学全入時代

高学歴化が進んだ一方で、少子化が進んでいるため、大学の定員を合計すると、高校卒業者で進学を希望する者のほぼ全員が大学に進学できるような時代になった。この大学全入時代を迎えたことで、高等教育はどのように変化したのか、またどこを目指すべきなのか、自分なりの考えをまとめておいてほしい。

課題

大学全入時代と言われるようになり、大学進学率はかつてないほど上がった。一方で、最近では、大学に入学しても中退する者や、卒業しても定職につけない者が増加するなど、問題点も浮上している。そうした現状に対して、大学の数と定員を減らすべきといった意見もある。このことについて、あなたの考えを６００字以内で述べなさい。

課題の解説

２００７年ごろから現実味を帯びてきたのが、大学全入時代だ。全国の大学の定員の合計が、高校卒業予定者の中で大学への進学を希望する者の数を満たすようになったことから、そう言われるようになった。

ただし、これは理論上の話で、実際には一部の大学に人気が集中するため、希望する大学・学部に進学できない者がいるのは昔と変わらず、逆に人気のない大学は定員割れを起こしている。このことが、課題にあるような、さまざまな問題を引き起こしている。

この課題では、そうした問題の解決策として、大学の数と定員を減らすべきかどうか、すなわち大学全入時代を終わらせるべきかどうかが問われている。

イエスの立場では、誰でも大学に入れるようになった結果、大学教育の質が低下していることを指摘すればいいだろう。

それだけでなく、大学に簡単に入れるようになると、高校生も熱心に勉強しなくなる。そうなると、高校以下も含めて日本の教育全体の質が下がり、日本人全体の知的レベルが低下する。

かつては日本人の高い学力が経済発展を支えていた。そう考えると、学力の低下は、日本の国力の低下を招く恐れがある。そうならないためには、大学の数と定員を一定数に保つのは有効な手段と言えるだろう。

ノーの立場では、大卒という最終学歴の差がなくなるメリットを考えるといい。

従来、大学を卒業した者とそうでない者とのあいだには、就職や結婚などさまざまな状況において明らかな格差があった。そうした格差が生じないのは、平等な社会の実現のためにはよいことのはずだ。

また、このままの状況が続けば、大学も競争によって次第に淘汰され、レベルの高い大学や特色のある大学が自然に残るのだから、わざわざ減らす必要はないという考え方もできるだろう。

解答例 1

【賛成】学生の目的意識や学習意欲が高まり、教育の質も上がる

大学や学部を選ぶことにこだわらなければ、誰でも大学に入学できる大学全入時代を迎えている。しかし、このことがさまざまな問題を引き起こしている。では、それらの問題を解決するのに、大学の数や定員を減らすべきだという意見は好ましいだろうか。

確かに、大学の数や定員を減らすのには好ましくない面がある。進学を希望する者に十分な進学先が確保されていないとすれば、個人の自己選択の権利に制限を加えてしまうことになりかねない。しかし、大学全入時代に、さまざまな問題があるのは見過ごせない。解決策としては、やはり大学の数や定員を減らすべきだと思える。

大学全入時代の最も大きな問題点は、教育全体の質の低下だ。誰でも入りやすくなったために、学習意欲もないのにとりあえず大学に入る者が増え、大学教育の質が低下した。それだけでなく、大学に簡単に入れるとなると、高校生も目標を見失い、熱心に勉強しなくなる。そのために、高校での教育の質も低下してしまっている。大学の数を減らし、代わりに専門学校を増やせば、その中から将来の目標にあった学校を選択できるようになる。そうすれば、学生も目的意識を明確にもちやすくなり、高校の段階からの学習意欲も高まり、教育の質が上がるはずだ。

以上、大学の数や定員を減らすべきという意見に、私は賛成だ。

解答例 2

【反対】学歴格差の復活を認めるべきではない

大学全入時代と言われるようになり、大学進学率はかつてないほど上がった。一方で、最近では、大学に入学しても中退する者や、卒業しても定職につけない者が多いなど、問題点も浮上している。そうした現状に対して、大学の数と定員を減らすべきだという意見がある。では、この意見は好ましいか、考えてみたい。

確かに、かつてなら大学に進学するのに適していなかった学生も、いまは混じっているだろう。また大学に入りにくくすれば、大学進学は狭き門となり、競争率が高まるので、大学生の質は、結果的によくなるかもしれない。しかし、それでも、数々の問題点を解決する方法として大学の数と定員を減らすべきだ、という考えは好ましくない。

昔は大学に進学するのは一部のエリートだった。大学卒業者とそうでない者のあいだに学歴格差が存在し、就職でも会社の昇進でも結婚でも、それが一生ついて回った。最終学歴によって、そうした格差が生じるのは、望ましい社会のあり方ではない。大学全入時代なら、希望すれば誰もが大卒の資格が得られるので、最終学歴による格差は生じない。このことの意味は大きい。大学全入時代の問題は、各大学が特色を備え、みんなが自分の個性にあった大学を選択できるようにすることで解決すべきだ。

したがって、大学の数と定員を減らすべきという意見は好ましくない。

大学全入時代

理解のポイント

大学全入時代に至る経緯は？

かつての日本は、いまよりも厳しい学歴社会だった。

かつては大学へ通うのはエリートだけで、就職しても、大卒とそうでない者のあいだには、給料にも昇進の機会にも明確な差があった。大学に進学するかどうかで、将来が大きく違ったわけだ。そのため、受験競争も激しくなり、偏差値教育などの弊害も叫ばれた。

また、１９８０年代に高校卒業人口がピークに達し、進学を希望しながら進学できない学生の増加が問題となった。そうした背景もあって、大学の定員が増やされた。

一方、２０００年代になると、あらゆる分野での規制緩和が進んだ。

大学や学部の新設も容易になり、２０００年以降の規制緩和の流れで、一気に新しい大学が増え、またすでに存在する大学でも学部を増やして、大学全体での定員を増加させた。

このようにして、誰もが大学に進学できる可能性が高くなり、それ自体はよいことではあるものの、新たな問題が発生したわけだ。

大学間の競争激化は何をもたらしたか？

大学の定員が増えると、今度は大学の側の学生獲得競争が起こった。

一方、少子化によって、受験生の側の競争はやわらいだかというと、一概にそうとは言えない。一部の上位校への進学は、相変わらず激しい競争を勝ち抜かなくてはならない。

ここが使える

両方の競争の結果、中低位校の定員割れと、中退者の増加が起こっている。

理論上は、すべての進学希望者が大学に進学できるはずだが、実際はそうはなっていない。希望する大学に進学できなかった受験生は、希望しない大学にしぶしぶ進学して、その大学に通う意義が見出せなければ中退してしまう。または、希望する大学に行けず、進学そのものをあきらめてしまう。

ここが使える

こうして、**進学希望者と大学とのミスマッチが起こるため、中低位校は定員確保も危うい状況になっている。**

各大学は必死になり、学生集めのために、あの手この手を尽くしている。

入試方法を細分化し、ＡＯ入試など自己推薦入試を設けて、早い段階から学生の確保に乗り出したり、学費の免除といった制度も拡大している。しかし、**経費がかさむ結果、経営安定のために考え出した手段が、逆に経営を圧迫するという苦しい事態にもなっている。**

そうした状況では、名の通った伝統校も安泰ではいられない。実際に、名前のよく知られた伝統校でも、競争に敗れ、定員割れが深刻となり、閉鎖される例が出はじめている。そこまでならなくても、収入の減少から優秀な教員を雇えなくなり、教員一人ひとりにかかる負担が増えたために、教育レベルが低下している例はあとを絶たない。

このように、**人気校で資金も豊富な大学以外は苦しい状態にあり、大学教育全体の質は、学生の資質だけでなく、むしろ大学の側から低下している面がある。**

国立大学の法人化による競争激化

ここでもうひとつ、**大学間競争激化の問題点を考えるうえで踏まえておくべきなのは国立大学の法人化**である。

それまでは国の機関だった国立大学が、２００４年から独立行政法人化された。

これは、国立大学が国の運営から離れ、事実上民営化されたと理解するべきだ。

国立大学の法人化によって、国立大学はそれまでしばられていた規制を受けずに、独自

に教育内容の工夫や収入源の獲得ができるようになり、予算の配分や人事も比較的自由にできるようになった。

ここが使える

私立大学が特色を出し、収入源を確保するための競争を行うのと同じ土俵に国立大学も立つことになったのだ。このため、少子化が進む中、少しでも優秀な学生を入学させようとする大学間の競争にますます拍車がかかった。

大学全入時代と就職の関係は?

折からの不況に加えて、大学全入時代の問題点も就職難に影を落としている。

ここが使える

大学全入時代になって、大学卒業資格にそれほど価値がなくなっているので、大学を卒業したからといって、希望どおりに就職できるとは限らない。なまじ大卒であるばかりに、高い給料がネックになって、企業側が雇いにくいこともある。

ここが使える

むしろ、**専門学校で仕事に直接役立つ知識や技術を身につけた人のほうが、初任給や昇給を考えなければ就職しやすい**とも言えるわけだ。

また、大卒者が増えても、企業は相変わらず一部の上位校・伝統校の出身者を優先的に採用することが多い。つまり、それ以外の大学の出身者はどんどん就職が厳しくなってい

ここが使える

くわけで、**大学全入時代になって拡大した大学間の格差が、大卒者の就職状況にもそのまま反映している**と言える。

大学の再編成はすでに起こっている

大学は生き残りをかけて、努力を続けている。

とくに厳しいのは、医療系や技術系などの単科大学や、規制緩和で新設された大学だ。

そうした中には、拡大を続ける上位校と合併する大学がある。

ここが使える

また、**単科大学は何を学ぶのか特色が出しやすい反面、大学として一般教養も教えなくてはならないため、職業に直結した専門教育では専門学校に対して不利だ**という面もある。

そうすると、大学から専門学校へと学校の形態を変える流れも出てくるだろう。

また、上位校といえども安心してはいられない。

大学の評価をさらに引き上げる工夫が必要なため、学部や学科の統廃合によって新しい時代にあった仕組みを整えたり、早くから優秀な学生を育てるために、中学・高校の付属校や系列校を増やして一貫教育を拡大したりしている。

このように、大学の再編成は、今後も進むものと思われる。

17 生涯学習

近年、就職したあとになってから、もっと学びたいと考える人が増えている。そうした生涯を通しての学びを「生涯学習」という。生涯学習について考えることで、学校教育のみならず、広く社会教育全般についても考えてみてほしい。

課題

最近、多くの大学で生涯学習の講座が開かれるなど、社会人の学びに対する意欲に応える形で、大学も学生を対象とするだけではない教育活動に力を入れはじめている。

では、そのように生涯学習の拠点としての役割を各大学が担うべきかどうか、600字以内であなたの考えを書きなさい。

課題の解説

生涯学習とは、学生の期間中だけでなく、社会人や主婦になったあと、あるいは会社などから退職したあとも、生涯を通じて学ぶことを意味する。しかし、この問題を考えるには、まず生涯学習とは何か、その定義をしっかりと把握しておく必要がある。

文部科学省によれば、生涯学習とは「人々が自己の充実・啓発や生活の向上のために、自発的意思に基づいて行うことを基本とし、必要に応じて自己に適した手段・方法を自ら選んで、生涯を通じて行う学習」である。「自発的意思に基づいて行う」というところに力点が置かれていることに注意する必要がある。

そのことを踏まえると、今回の課題である「生涯学習の拠点としての役割を各大学が担うべきか」について考える場合には、「大学は自発的に行う生涯学習を行う場にふさわしいか」について考える必要があるということだ。

この課題も、イエスとノーの両面が考えられる。

イエスの立場では、いまの社会人は高学歴なので、高度な学問の成果が集まる大学が、学ぶ場としてふさわしい」「いまの社会人は高学歴なので、高度な学問の成果が集まる大学が、

学ぶ場としてふさわしい」「仕事に必要な専門的知識を得てキャリアアップにつなげるには、専門学校などよりも大学で深く学ぶべきだ」「いまの大学は、地域に根ざしていると同時に、国際化も進んでいる。そうした大学は、生涯にわたって人々が学ぶ拠点となり得る」といった意見が考えられるだろう。

ノーの立場としては、「大学が用意したカリキュラムでは、自発的に学びたいという欲求に応じるのには無理がある」「人々の学びたい分野は多様化しているので、大学ではカバーし切れない」といった意見も考えられるだろう。

イエスでもノーでもかまわないが、いずれにしても「生涯学習を真に有意義なものにするにはどうすればいいか」という視点で考える必要がある。

なお、ノーの場合には、大学以外にどういった生涯学習の場が望ましいのかもあわせて考えて述べることができれば、論は充実するはずだ。

解答例 1

【賛成】大学に集まる知識を有効活用できる

いま多くの人が、職業についているあいだや退職後に、何かを学びたいという意志をもっている。そうした生涯学習への要望に応えて、大学では生涯学習の講座を開くところも増えてきた。では、生涯学習の拠点としての役割を、各大学が担うべきなのだろうか。考えてみたい。

確かに、大学での学習には限度がある。現在、多くの社会人が生涯学習として求めているのは、教養を高めたり、スポーツや芸術によって人生を豊かにすることだ。そのようなことは大学よりもカルチャーセンターなどのほうが向いているという面がある。しかし、今後は、生涯学習の拠点としての役割を、各大学が担うべきだと考える。

日本は高学歴化が進み、人々の関心を寄せる分野も高度なものになっている。そうした求めに応じられるのは、大学だけだ。しかも、大学には高度な知識が集まっている。そのため、学生がそれをしっかりと吸収し、自分なりの研究を行うには、大学の４年間では不十分である。社会に出たあと、再び大学で学ぶことで、いっそう深く研究を進めることができ、大学に集まる知識を有効に活用できるのである。

したがって、私は生涯学習の拠点としての役割を各大学が担うべきだと考える。

解答例 2

【反対】大学では生涯学習の多様なニーズに応えられない

働きながら学びたい、退職後も何かを学びたいという人々が増えている。そうした生涯学習の求めに応じて、各大学も生涯学習の講座を開き、学生以外の社会人を受け入れるようになってきている。そうした大学の動きを進め、今後、生涯学習の拠点としての役割を各大学が担うべきという意見があるが、その意見について考えてみたい。

確かに、高学歴化により人々の知的関心も高度になったので、高度な学問の成果が集まる大学が生涯学習の場としてふさわしいという面はあるだろう。しかし、それでも、生涯学習の拠点としての役割を、各大学が担うべきだという意見には賛同できない。

なぜなら、人々の学びたい分野は多種多様だからだ。多くの人々は、たとえば、スポーツや健康に関する情報、趣味の知識やノウハウ、家庭生活を豊かにする知恵などを学びたいと思っている。大学で主に得られるような教養や、仕事に役立つ高度な知識は、人々の関心の一部にすぎない。それらすべてを大学はカバーできるものではない。したがって、生涯学習の拠点として、大学は必ずしも有効な場とはならない。むしろ、人々がNPOなどを自発的に組織し、公民館や公の施設を使って、多種多様な学びの場をつくるのが、生涯学習にはふさわしい。

以上より、生涯学習の拠点としての役割を各大学が担うべきという意見に、私は反対だ。

生涯学習

理解のポイント

生涯学習という考え方はいつ、どう生まれたか？

日本で生涯学習という考え方が広まったのは、昭和40年代以降のことだ。

そのころ、東京オリンピックが開かれ、戦後の復興が終わり、高度成長期に差しかかっていた。人々は日々の生活に追われるだけの状態から抜け出し、少しずつ余裕をもちはじめていた。つまり、**もともと勤勉で知的好奇心も高い日本人が、生活にゆとりが出てきたあとに、学校教育の期間を終えてからも何かを学びたいという意欲をもちはじめた**のだ。

ここが使える

ただし、最初のうちは、「生涯教育」という言葉が使われていたことからもわかるように、自発的な学習というよりも「教育」という要素が強かった。

つまり、教育者が知識や知恵、技術を人々に与え、人々はそれを学ぶという一方向のものだった。学ぶ側の自発性を重視する考え方ではなく、古い学校教育の延長といった性格が強かったと言える。

しかし、近年では、教育のあり方が変化し、知識や技術を与えるものから、自らデザインし自ら学ぶというあり方に変わってきている。その結果、個々人の関心や自発性が重視されるようになっている。

いまの生涯学習は、そうした教育のあり方の変化とともに、関心や自発性を重んじるものとして考えられている。

リカレント教育とは?

「リカレント教育」という言葉が、近年、使われるようになっている。

「生涯教育」と同じような意味で用いられるが、リカレント教育とは、とくに学校教育を終えたあとの社会人が、大学等の教育機関を利用する場合の教育を意味する。

たとえば、職業訓練のために専門的な技術を身につけたり、社会人がキャリアアップのために資格を取得するなどの目的で学ぶ人が増えているが、それがリカレント教育の代表例と言えるだろう。

高度成長の時代からバブル期の手前までは、いまのように誰もが大学へ進学する時代ではなかった。そのため、近年、高校や高等専門学校、短期大学を卒業した人が、社会人入試を利用して大学で学ぶことも増えてきた。

10年ほど前に、そのような社会人入試がとくに盛んになった時期があった。それもリカレント教育のひとつだ。

このリカレント教育が、生涯学習を広めるきっかけとして作用したのは間違いない。

生涯学習に求めるものはなに？

リカレント教育が一般化し、かつて大学で学ばなかった人もほぼ大学で学び終えた。そのため、リカレント教育の普及は一段落ついたと言えるだろう。

しかし、人々の学びへの意欲は高まりつづけている。では、リカレント教育の枠を超えて、人々は生涯学習にどのようなものを求めているのだろうか。

文部科学省の調査によれば、生涯学習として多くの人が取り組んでいるものとして、最も多いのが「健康・スポーツ」(健康法、医学、栄養、ジョギング、水泳など）であり、「趣味的なもの」(音楽、美術、華道、舞踊、書道など)、「パソコン・インターネットに関すること」が続いている。また、現在、生涯学習に当たるものは行っていないが、行いたいと考えている人の割合は5割を超える。現在行っていない人の、行わないでいる理由としては、「仕事の忙しさ（時間）」「費用」の2つが大きい。

これらのことから、**人々が生涯学習に求めているものが、いまでは、仕事や社会的地位の向上に役立つ知識や技術というよりも、生活を豊かにする学びに次第に変化してきている**ことがわかる。

そのため、今後の生涯学習には、手軽に行えることと、費用のかからないことも重要になってくる。**仕事や社会的地位の向上に役立てるためならば、多くの人が時間や費用も投資しようとするが、生活を豊かにするためには、それほどのお金を使おうとしない**からだ。

地域も大学も企業も生涯学習を支援する社会を

人々が生涯学習に生活を豊かにするものを求めているということから、生涯学習の未来の形が考えられるだろう。

もちろん、仕事で役立つことも生活の質の向上につながるし、高度な知的関心を満たすことも、人々の精神を豊かにする。その意味では、大学などの高等教育機関の果たす役割もいままでより大きなものとなるだろう。

しかし、**社会の多くの人が、生活を豊かにするために生涯学習を求めているという事実**

を考えると、学校教育の現場以外のあり方を広めていく必要がある。

たとえば、公民館や地域の学校を休日に開放し、スポーツや趣味を学ぶ自主学習グループの利用を広めていけば、自宅から通いやすく、費用もそれほどかからなくてすむ。そうしたグループを支援したり、参加する人が満足できるような学びを提供するために、行政やＮＰＯの果たす役割も大きくなるだろう。また、ボランティアも大きな学びの場になることを忘れてはならない。

地域の学校や大学も、自分たちが学びの場を提供するだけでなく、そうした活動に積極的に関わることで、社会全体での生涯学習の質を高めるのに一役買うことができる。また、そこから得られた社会人の生きた関心のあり方を、生徒や学生の教育に活かしていくことも可能なはずだ。

企業の側も、生涯学習が働く人々の日々の充実感と生活の豊かさにつながることを重視することが大事になってくる。いままでは、多くの企業は社員に住宅手当などを出してきたが、生涯学習のために便宜をはかることは少なかった。これからは、企業の外部で生涯学習を行う者に対して、費用の補助や休暇を認めるなどすべきだろう。

ここが使える

このように、**社会全体が有機的に生涯学習に関わる社会になることが期待されている。**

18

大災害時の学校の役割・防災教育

2011年3月11日の東日本大震災は、防災教育や大災害時の学校の役割を改めて認識させ、その体制の見直しも迫った。大災害時の学校の役割とは何か、防災意識を育てる教育とはいかにあるべきか。これらを考えておくことも、今後の教育を考えるうえで不可欠だ。

課題

児童・生徒が学校内にいる時間帯に大災害が発生したとき、最も心配されるのが、逃げ遅れによって児童・生徒に多くの被害者が出ることだ。これはなんとしても防がなければならない。では、学校での逃げ遅れ防止のために、最も重要なことは何か。あなたのアイディアを600字以内で説明しなさい。

課題の解説

課題では、大災害時、学校において児童・生徒の逃げ遅れによる被害者を出さないためには何が最も重要かが問われている。ある程度の知識があれば、いくつかの答えが思いつくだろう。十分な知識がない場合には、状況を想像して、逃げ遅れのいちばんの原因は何かを自分なりに考えて、その対策を書けばいい。

なお、この課題は、イエスかノーかで答えられる形にするのは難しい。そういった場合は、まず「第一部　問題提起」で自分のアイディアを示してから、それが正しいかどうかを検証していく流れで四部構成を用いて書くといいだろう。

学校における逃げ遅れが起こる災害というのは、具体的には、地震や台風そのものというよりは、地震による津波、台風による土砂災害、火事などだ。

実際には、学校がどのような場所にあるかによって、想定される災害の種類は異なるが、あまり特殊な場合を考えるべきではない。山間部の学校を頭において、がけ崩れの場合を想定しても、あまり一般性をもたない。学校からの避難・脱出を必要とするケースで、どのようなことが逃げ遅れの原因になりがちなのかを考えてみるといいだろう。

まずあげられるのは、児童・生徒がパニックに陥っていっせいに出口に押し寄せたり、足がすくんで身動きがとれなくなって避難行動ができなくなるケースだ。また、予想外の事態が起こったために、準備しておいた避難経路が使えなくなるケースも考えられる。

そのほか、冷静に落ち着いて行動しようとする意識が強すぎるために、どれほど危険が大きいかに気づかない心理も指摘されている。これも、判断の遅れによる逃げ遅れの原因になる。ちなみに、こうした心理を「正常性バイアス」という。

それから、休み時間や課外活動中、放課後など、学校内のどこに誰がいるのかを把握しにくい時間帯に、児童・生徒の一部が学校内に取り残され、逃げ遅れるケースも考えられる。これが最も対応が困難なケースだろう。

いずれにしても、それぞれのケースに応じた普段からの準備が重要になってくるだろう。

解答例 1

日頃からの準備を重視

大災害時に学校において逃げ遅れが生じないようにするために、最も気をつけるべきなのは、生徒がパニックで危険な状態に陥らないように日頃から準備しておくことだと私は考える。

確かに、大災害時には、誰もが多かれ少なかれパニックに陥るものだ。だから、パニックにまったく陥らないようにするのは不可能だと考えたほうがいいだろう。もし、パニックを避けようとして、生徒に対して教職員が、たいしたことはないと思わせるふるまいを演じれば、逆に危機感が薄れ、逃げ遅れにつながるかもしれない。しかし、パニックで危険な状態に陥らないように手を打っておくことはできる。

人がパニックで危険な状態に陥るのは、行動判断ができなくなる場合だ。混乱して何をすればいいのかがわからなくなる。足がすくんで身動きがとれなくなる。そうした場合に逃げ遅れにつながると思われる。そうならないためには、普段から考えられる限りの状況をシミュレートして、教職員の指示のもと、避難行動の訓練をしておくのが最も有効だ。そうした準備が心の支えとなり、判断力が低下した状態でも、適切なすばやい避難行動を起こすことができる。

以上のように、日頃からの準備がパニックによる逃げ遅れを防ぐと私は考える。

解答例 2

学校内で集団行動をしていない場合の対応を重視

大災害が起こったとき、学校で生徒が逃げ遅れないようにするには、授業中ばかりでなく、放課後など、児童生徒がどこにいるのかをしっかりと把握できない時間帯の対策を、前もってしっかりと決めておくべきだと考える。

確かに、授業中などの避難方法も重要だ。これについては絶対に決めておかなければならない。そこで避難の誘導がうまくいかないと悲惨な結果を招く。しかし、そうした場合には、定められたマニュアルどおりに行動すれば、円滑な避難ができる。最も注意しなくてはならないのが、生徒がクラス単位の集団行動をとっていない時間帯だ。

休み時間や放課後、課外活動中など、学校内のどこに誰がいるか把握しにくい時間帯こそ、最も逃げ遅れが出やすい。そうした時間帯にどのように生徒の所在を把握するか、教職員の分担と手順を決めておく必要がある。さらに、あらかじめ決めておいた担当者が不在にしている場合、学校内で誰が臨機応変に判断を下し、全校に指示を出すのか取り決めをしておく必要もある。また、生徒が遠足などで学校外に出ている場合にも、学外への救援要請を行う手順も定めておくことも忘れてはならない。

以上述べたとおり、授業中ばかりでなく、さまざまな時間帯の対策を立てておくことが必要だと私は考える。

大災害時の学校の役割・防災教育

理解のポイント

逃げ遅れはどのようにして起こるか?

課題では主に学校内に生徒がいる場合の逃げ遅れについて考えた。しかし、実際に東日本大震災では、肉親や親しい人、預かっている子どもなどがいないことに気づき、探しに戻って逃げ遅れるケースが多かったことが判明している。

これを学校が関わる場合において考えてみると、たとえば、子どもを心配した保護者が学校に子どもを引き取りに来る途中で被害にあったり、生徒を引率して避難中の教職員が、見当たらない生徒を探しに戻って被害にあうなどが考えられる。

とくに判断の難しいのが、学校で子どもが安全な状況にいるとき、保護者が子どもを引き取りに来た場合にどう対応するかという問題だ。

保護者に引き取ってもらったほうが安全なのか、それとも、学校にそのままいたほうが安全なのか、それぞれの状況によって異なる。それだけに一律の基準を設けるのが困難だ。

ここが使える

こうしたケースに備えて、**保護者とは災害時にどうするか、取り決めをしておくのが望ましい。**

避難所としての学校の役割

ここが使える

大災害時の学校の役割として大きいのが、避難所としての機能だ。

学校は、児童・生徒にとっての避難所になるばかりでなく、自治体で地域の避難所としても用いられることが定められている。そのため、学校には災害時に備えて食料や毛布などが備蓄され、災害時には、教職員が避難所の運営スタッフとして働くように役割分担が決められている。

そのため、災害が起こると、教職員は避難所のスタッフとして動員される。そうなると、児童や生徒の面倒を十分に見ることができなくなる。

ここが使える

それゆえ、**誰が責任をもって児童・生徒の面倒を見るのか、形式上の役割だけでなく、実際に動ける分担を決めておかなくてはならない。**

日頃の備えとして大切な防災教育

ここが使える

災害で被害が拡大しないためには、日頃からの備えが十分になされていなくてはならな

いが、そうした備えのうちで重要なのが防災教育だ。

従来、学校は災害に備えて、避難訓練や防災訓練を定期的に行ってきたが、1995年の阪神・淡路大震災をきっかけに防災教育の見直しが行われ、防災教育が本格的に行われるようになった。

それぞれの教科で防災教育が行われている。

たとえば、理科では地震や火事、津波などの起こるメカニズムを学び、危機察知能力を高めるための理解を促す。社会科では過去の災害の事例を学ぶ。国語や英語では災害の記録を読ませたり、数学でも災害時に役立つ斜面の傾きなどを勉強する。道徳などの時間を使って、災害時の心構えを教えたり、総合学習の時間に防災マップの作成を行う。また、校外学習では、避難場所や避難経路を確認したり、地域の地形を学んだりする。

ここが使える

そのように、**各自治体や学校で、地域の特性にあわせて、起こり得る災害について学べる防災教育を行うようになっている**。

それと同時に、災害について学んだことが、その地域に対して否定的な感情につながることのないように、その地域のよさも学び、地域への愛着を覚えるような教育の工夫もなされている。そうすることで、子どもたちと地域を心でつなぎ、災害時にも地域と一体となった対応がとれるようにはかられている。

しかし、阪神・淡路大震災の教訓をもとに作成された防災教育の方法論も、東日本大震災によって必ずしも有効ではない部分が見出された。

ここが使える

いま各自治体は、被災地の現地調査も行うなど、東日本大震災の事例から防災教育の見直しを進めているところだ。

子どもたちの心のケアをどうするか？

ここが使える

大災害時の教育の役割として、もうひとつ重要なのが、災害後の子どもたちの心のケアだ。

大災害は子どもたちの心に大きな爪あとを残す。心的外傷後ストレス障害（ＰＴＳＤ）になる子どももいる。

災害から時間がたって日常生活を取り戻したように見えても、災害の後遺症はまだ続いていると考えたほうがいい。

日常を取り戻したあとも、学校関係者は、子どもたちの「無表情になる」「落ち着きをなくす」「怒りっぽい」などの兆候を見逃さないようにして、必要なメンタルケアを専門家との連携で行わなくてはならない。

学校の場合、とくに同じ体験をした子どもたちが集まっていることを考慮する必要がある。**ひとりの不安や感情が、ほかの子どもにも伝播しやすいことを考え、一人ひとりに対するケアだけでなく、クラス単位など集団に対するケアも同時に行わなくてはならない。**

ここが使える

また、子どものケアは、親のケアも同時に行うことで進む場合がある。保護者との連絡やコミュニケーションも密にしていかなくてはならない。

心的外傷体験を癒すには、他者とのつながりの回復による安心感の取り戻しが重要だ。

ここが使える

学校は、同じ体験をした子どもたちの集まる場だということも考えて、学級運営や生徒指導を行い、子どもたちの心の健康と成長を支えていく役割がある。

学校と地域との連携は、防災面でも重要

学校教育は普段から地域と連携していくべきだが、このことは災害時にはとくに大切になる。もし学校が地域住民に親しみやすい場所になっていなかったら、子どもたちを地域全体で育てていこうという意識が生まれない。

そうなると、災害が起こったとき、子どもたちに対する救援が十分になされないことも起こりかねない。

ここが使える

そうならないように、**普段から、学校が地域の中で役割を果たしていくことで、学校が孤立せず、子どもたちも地域の一員として育てていく環境が生まれる。それが、災害時には地域からの子どもたちへの支援や保護に結びつく**のである。

特別付録

これだけは押さえておきたい教育系小論文の基本用語集

最後に、教育系の小論文試験の課題文を理解したり、答案を書くために必要な、ぜひ覚えておきたい重要な用語をピックアップして、簡単に解説しておきます。第2部「書くネタ」編の「課題の解説」や「理解のポイント」の中に出てくる重要なワードも含めています。知識を整理するために、大いに活用してください。

【生きる力】

近年、文部科学省がこれからの社会を生き抜くために子どもたちに身につけてほしい能力として、新しく打ち出した考え方。主体的に学び、問題解決をする能力というだけでなく、豊かな人間性や健康も含めた全人的な能力を指す。

２００２年度から導入されたゆとり教育の中で重要な育成目標とされたが、ゆとり教育の見直しが進むと、「ゆとりでも詰め込みでもない、生きる力の育成が重要」とされるなど、定義があいまいで批判も多い。

【インクルージョン教育】

「インクルーシブ教育」「包括教育」ともいう。障害の有無にかかわらず、すべての子どもたちには違いがあるので、一人ひとりの教育的ニーズに応じた教育をしようという考え方。

ヨーロッパを中心に広がって、現在は世界的な流れになっている。日本の特別支援教育も、この理念にもとづいているが、重度の障害児の扱いをどうするかなど、現実的にはまだまだ解決されていない点が多い。


【ALT（外国語指導助手）】

外国語の授業で、主に日本人教師のサポートをつとめる外国人助手。かつてはJETプログラム（外国青年招致事業）に参加して来日した外国人青年がALTになることが多かった。しかし、小学校での英語教育の必修化に伴って、ALTの需要が急激に増えたため、民間業者に委託するケースも増え、そのためのトラブルも増加している。


【学習指導要領】

文部科学省が、小・中・高等学校の行うべき教育内容について告示したもの。

どの学年で、どんな内容をどの程度学習するかが具体的に示されていて、学校ではこれを基準に年間の時間割を定める。およそ10年に一度改訂され、ゆとり教育の導入やその見直しも、この学習指導要領に沿って行われている。


【学力低下】

日本では、もともと1990年代末に大学生の学力低下が問題になり、「分数ができない大学生」などが話題となった。また、PISAの国際学力調査で日本の生徒の順位が低下したことを受けて、ゆとり教育が学力低下の原因とされ、現在の脱ゆとり教育の動きにつながった。ただし、各種の学力テストにおいても、必ずしも日本人の学力低下を示す結果ばかりではなく、本当に学力低下が進んでいるのかどうか、議論が分かれている。

【学級崩壊】

主に小学校で、児童が授業中に教師を無視して勝手な行動をして、授業が成り立たない状態をいう。小学校低学年から見られる。

近年、一部の児童が意図的に授業を妨害する「反抗型」から、教師と児童のなれ合いから学級の統制がとれなくなる「なれ合い型」へと性質が変わってきていると言われる。

【学校間格差】

学校間で、教育水準や学力の差が大きいことをいう。

日本では従来、有名私立学校と公立学校とのあいだの格差が問題とされ、ゆとり教育によってその格差がさらに広がるとされてきた。また、高校教育の無償化によって、公立高校間でも競争が激化し、格差が広がる恐れがあるとも言われている。

【学校ボランティア】

「学校支援ボランティア」ともいう。

「開かれた学校」の理念の一環として、保護者や地域住民、地元の企業などが、学校の教育活動をサポートすることが増えている。生徒の登下校を見守ったり、部活動を指導したり、授業をサポートしたりするなど、さまざまな役割が期待されている。

【教育格差】

生まれ育った環境の違いによって、受けられる教育のレベルにも違いが生まれる。そのために、経済的にゆとりのある家庭とそうでない家庭のあいだでは、子どもの学力に格差が生まれ、これが将来の就職にも影響する。これを「教育格差」という。

　ゆとり教育が、この教育格差をいっそう激化させたという見方もある。

【教員免許更新制】

　教員の資格を数年ごとに更新する制度。教員の質の低下に対応するために提案された。

　教師に緊張感をもたせ、不適格な教師を排除できるというメリットがあるが、免許の更新ばかりを意識して子どもに真剣に向き合えない教師が増えるなどの問題点も指摘されている。

【教科書検定制度】

　文部科学省が教科書を検定し、合格した教科書しか学校で使えないという制度。教科書の内容が学習指導要領に沿った適切なものかどうかが審査される。

　歴史の教科書の記述をめぐって問題になることが多いが、憲法が保障する「表現の自由」に反するのではないかという意見もある。

【国立大学の法人化】

　これまで国立大学は国の機関だったため、予算も自由に使えず、新しい取り組みがしにくかった。そのため、国立大学を国の機関から独立させ、独自の運営ができるようにした。「国立大学の法人化」とは、このことを指す。

　「大学が短期的な成果を出そうとして、基礎研究や即効性のない研究が軽視されるようになる」「予算の調達できない大学では、教員の削減などが行われ、十分な教育ができなくなる」などの問題点も指摘されている。

【指導力不足教員】

　児童・生徒に対して適切な指導ができない教

員のこと。教育委員会ごとに基準があり、それに従って判断されている。近年、目立って増えてきたと言われている。

学級崩壊の原因になるなどの問題もあるが、学校に求められることが増えているために教員の負担が増加しているという背景もあり、個々の教員だけの問題とは言えない。

【小1プロブレム】

小学校1年生のクラスで起こる学級崩壊を、とくに「小1プロブレム」と呼ぶ。

この場合は、高学年と違い、小学校に上がったばかりの子どもが学校での集団行動になじめないことが原因とされる。家庭でのしつけ不足や遊び中心の幼稚園とのギャップなど、いくつかの要因が考えられている。

【生涯学習】

学校教育のあいだだけでなく、生涯にわたって自発的に学習するという考え方。

学校教育が、基本的には教師が生徒に教えるというものであるのに対し、生涯学習においては、自分の関心に応じて、自分に適した手段によって自発的に学習することが基本になる。そのため、大学の公開講座などだけでなく、市民の自主学習グループやボランティア活動といったさまざまな場が積極的に活用されている。

【総合的な学習の時間】

生徒に学習への自主的な取り組みをさせるための時間。

教科の枠を超え、各学校が独自にプログラムを組んで、従来の授業形態ではできなかった体験学習や専門的な学習などをさせる。ゆとり教育の目玉として導入されたが、現在は、ゆとり教育の見直しによって、大幅に時間が削減されている。

【詰め込み教育】

知識を増やすことに重点を置き、生徒にできるだけ多くのことを学習させ、画一的に知識を暗記させる教育。

1980年代以降、校内暴力や落ちこぼれなどの問題の原因として批判されることが多く、そのためにゆとり教育に移行した。しかし、近年、脱ゆとり教育の動きに伴って、基礎学力の充実こそ重要として見直されている面もある。

【TIMSS】

IEA（国際教育到達度評価学会）が行っている国際数学・理科教育調査。

学校で習う知識や技能の習得度を評価する点で、従来型の学力観に近く、知識の応用力を評価するPISAと大きく異なる。PISA型の学力とTIMSS型の学力のどちらをより重視すべきか、国によっても考え方が異なっている。

【特別支援学校】

従来、障害児教育を行う学校は、盲学校・ろう学校・養護学校のように、障害の種類ごとに区別されていた。それが特別支援教育が始まって、「特別支援学校」に統一された。

【特別支援教育】

現在行われている障害児教育の考え方。かつてのように、限られた障害児を特別な場で指導するのではなく、子どもたち一人ひとりのニーズに応じて、学校ぐるみ、地域ぐるみで継続的に支援していこうというもの。

そのため、通常学校に通う発達障害の子どもも支援の対象にし、また地域と学校の連携を強化して、地域全体で障害児教育をサポートできるようになることが期待されている。

【ネットいじめ】

インターネット上で行われるいじめのこと。「サイバーいじめ」ともいう。

学校裏サイトや匿名掲示板などで、特定の生徒の悪口を書き込んだり、いっせいに誹謗中傷のメールを送ったりする。いじめた相手がわからないので、いじめられた側の不安も大きく、また学校の枠を超えて広がるという問題点もある。

【PISA】

OECD（経済協力開発機構）が始めた国際的な学力到達度調査のこと。読解、数学、科学という3つの分野におけるリテラシーが重視され、知識量より応用力や問題解決能力が評価の対象になる。

近年、日本の生徒の順位が下がっていることで、学力低下が問題になるきっかけとなった。

【開かれた学校】

学校を社会的に孤立した場ではなく、地域や家庭と連携して子どもを教育する場にしようという考え方。具体的には、保護者や地域住民が学校運営に関わったり、学校ボランティアとして教育を支援したり、などがあげられる。また、学校を地域のコミュニティの拠点として、地域住民の交流の場として活用することも期待されている。

【モンスター・チルドレン】

主に小学校で、教師や学校に対して反抗的な態度に出る児童が増えている。教師や学校が強く出られないのがわかっていて、相手を困らせる行動に出るパターンが多い。

モンスター・ペアレントに引っかけて「モンスター・チルドレン」と呼ばれるが、実際にモンスター・ペアレントの子どもがモンスター・チルドレンになることも少なくない。

【モンスター・ペアレント】

教師や学校に理不尽な要求やクレームをする親のこと。

要求の内容はさまざまだが、「自分の子どものことを最優先してほしい」という心情が背景にある場合が多い。近年、こうした親が増えたことで、クレーム対応に追われて授業の準備ができなかったり、うつ状態になる教師も増えている。

一方、親を「モンスター」呼ばわりして、コミュニケーションを拒否する学校側の姿勢を批判する声もある。

【ゆとり教育】

「詰め込み教育」に対して、もっと子どもの自主性を尊重し、「生きる力」や「自ら学び、考える力」の育成を目指す教育のこと。

授業時間や学習内容を削減し、週5日制にするなど、できるだけゆとりをもたせ、子どもが自主的に学習できるようにした。しかし、学力低下をもたらしたなどの批判を浴び、事実上の揺り戻しが始まっている。

【リカレント教育】

学校教育を終えた社会人が、再び大学等で学習できるようにするという考え方や制度のこと。生涯学習の考え方の制度的な実践のひとつ。

会社員がキャリアアップのために資格をとったり、専門技術を身につけたりするなどの目的で学習するケースが多い。こうした流れを受けて、多くの大学で社会人入学の制度が設けられるようになった。

【歴史教科書問題】

歴史の教科書は、執筆者の歴史観や歴史認識が反映されるので、異なる歴史観をもつ人々や勢力とのあいだで論争になることが多い。

日本の場合、検定制度があるので教科書の歴史記述に国の歴史認識が反映されていると見なされ、そのためにとくに戦時中のアジアとの関係の記述をめぐって、中国や韓国から批判されることがしばしばある。

著者紹介

樋口裕一（ひぐち・ゆういち）
1951年大分県生まれ．早稲田大学第一文学部卒業．多摩大学名誉教授．小学生から社会人までを対象にした通信添削による作文・小論文の専門塾「白藍塾」塾長．
著書に250万部のベストセラーになった『頭がいい人，悪い人の話し方』（PHP新書）のほか，『小論文これだけ！』（東洋経済新報社），『読むだけ小論文』（学研），『ぶっつけ小論文』（文英堂），『ホンモノの文章力』（集英社新書），『人の心を動かす文章術』（草思社），『音楽で人は輝く』（集英社新書），『凡人のためのあっぱれな最期』（幻冬舎新書）など多数．

大原理志（おおはら・まさし）
白藍塾教務主任．1966年高知県生まれ．広島大学総合科学部卒業後，立教大学大学院文学研究科博士課程後期満期退学．著書に『まるまる使える小論文必携』（桐原書店），主な共著に『小論文これだけ！教育超基礎編』『小論文これだけ！模範解答 経済・経営編』（以上，東洋経済新報社）などがある．

大場秀浩（おおば・ひでひろ）
白藍塾講師．1964年埼玉県生まれ．学習院大学文学部卒業後，学習院大学大学院人文科学研究科博士課程前期修了．主な共著に『読むだけ小論文 医歯薬看護医療編』『新「型」書き小論文 医歯薬看護系編』（以上，学研）がある．

〈白藍塾問い合わせ先＆資料請求先〉
〒161-0033
東京都新宿区下落合1-5-18-208
白藍塾総合情報室（03-3369-1179）
https://hakuranjuku.co.jp
お電話での資料のお求めは
0120-890-195

小論文これだけ！教育深掘り編

2012年8月2日 第1刷発行
2025年4月29日 第7刷発行

著者 樋口裕一／大原理志／大場秀浩
発行者 山田徹也
発行所 東洋経済新報社
〒103-8345
東京都中央区日本橋本石町1-2-1
電話 東洋経済コールセンター03(6386)1040
印刷・製本 港北メディアサービス

Printed in Japan ISBN 978-4-492-04467-4 https://toyokeizai.net/